Rolann

218

Y.Th
23201

ROLANDE

PIÈCE EN QUATRE ACTES (CINQ TABLEAUX)

Représentée pour la première fois au Théâtre-Libre, le lundi 5 novembre 1888.

A LA MÊME LIBRAIRIE

En famille, pièce en un acte, par M. Oscar Méténier, représentée sur le Théâtre Libre. Prix.   1 50
Belle-Petite, comédie en un acte, par M. André Corneau, représentée sur le Théâtre Libre. Prix..   1 50
Esther Brandès, pièce en trois actes, par M. Léon Hennique, représentée sur le Théâtre Libre. Prix..   2 »
La Sérénade, pièce en trois actes, par M. Jean Jullien, représentée sur le Théâtre Libre. Prix..   2 »
La Puissance des Ténèbres, drame en cinq actes et six tableaux du comte Léon Tolstoï, traduit du russe par MM. Isaac Pavlowky et Oscar Méténier, représenté sur le Théâtre Libre. Prix..   2 »
Monsieur Lamblin, comédie en un acte, en prose par M. Georges Ancey, représentée sur le Théâtre Libre. Prix..............................   1 50
La Prose, comédie en trois actes par M. Gaston Salandri, représentée sur le Théâtre Libre. Prix..   2 »
Les Bouchers, drame en un acte en vers par Fernand Icres, préface par Léon Cladel, représenté sur le Théâtre-Libre. Prix......   1 50

LOUIS DE GRAMONT

ROLANDE

PIÈCE EN QUATRE ACTES (CINQ TABLEAUX)

PARIS
TRESSE & STOCK, ÉDITEURS
8, 9, 10, 11, GALERIE DU THÉATRE-FRANÇAIS
PALAIS-ROYAL
—
1888
Droits de traduction, reproduction et d'analyse réservés.

PERSONNAGES

LE COMTE DE MONTMORIN......	MM.	Antoine.
ÉTIENNE CHARDET..............		Candès.
PUTOIS.......................		Laury.
RABASSOL.....................		Lugné.
VICTOR PUTOIS................		Fontès.
JEAN, valet de chambre........		André Bertin.
LE DOCTEUR BERTHIER..........		Morière.
UN COMMISSAIRE DE POLICE...		Cellier.
ROLANDE......................	Mmes	Odette de Feuil.
LA COMTESSE DE MONTMORIN..		Barny.
Mme MITAINE, née Putois..........		France.
Mme RIXDAL....................		Lucienne Dorsy.
THÉRÉSINE PUTOIS.............		Marley.
ANNETTE......................		Deneuilly.
ROSALIE......		Luce Colas.
LUCIEN		La petite Sarah Duhamel.

Les indications sont prises de la salle.

A

ANTOINE, directeur du Théatre-Libre

et aux

Intreprètes de ROLANDE

Reconnaissance profonde

GRAMONT

ROLANDE

ACTE PREMIER

La chambre à coucher de la comtesse de Montmorin. Portes au fond et à droite.

SCÈNE PREMIÈRE

ROLANDE, ROSALIE, LE DOCTEUR BERTHIER, Mme DE MONTMORIN endormie dans un lit de milieu, placé au fond de la scène. A son chevet, une table chargée de fioles et d'une lampe éteinte; plus bas vers le pied du lit, un fauteuil dans lequel est assise Rolande, le dos tourné au public. Il fait jour. Quelques secondes après le lever du rideau, on frappe légèrement du dehors, à la porte du fond. A ce bruit, Rolande se soulève et se penche vers la porte qui s'entrebâille doucement et laisse entrevoir Rosalie. En la voyant, Rolande se lève, va vers elle, rapide, sans faire de bruit, avec un geste qui recommande de n'en pas faire.

ROLANDE, bas.

Qu'est-ce que c'est, Rosalie ?

ROSALIE, de même.

C'est le docteur, Mademoiselle.

ROLANDE.

Ah ! bien.

Rosalie ouvre la porte toute grande et s'efface pour laisser passer le médecin, derrière lequel elle disparaît en refermant la porte.

ROLANDE, à voix basse.

Bonjour, docteur. Ma mère dort en ce moment, dois-je la réveiller ?

LE DOCTEUR, de même.

Non, non, c'est inutile, au contraire, laissez la dormir. (Il s'approche doucement du lit, se penche sur la malade endormie, se relève, prend une main qui pend hors du lit, et tâte le pouls ; tout en se livrant à cet examen, il demande à Rolande qui l'a suivi :) Qui a passé la nuit auprès de Mme de Montmorin ?

ROLANDE.

Moi, docteur.

LE DOCTEUR.

Et la nuit a été ?..

ROLANDE.

Mauvaise. (Le docteur hoche la tête pour dire que cela ne le surprend pas, Rolande poursuit :) Très agitée. Ma mère a eu le délire. Elle a prononcé des paroles indistinctes, où je n'ai pu saisir que le nom de mon père assez souvent répété.

Le docteur Berthier a reposé sur les draps la main de Mme Montmorin et s'est éloigné du lit. Tout en lui donnant ses explications, Rolande le suit.

ROLANDE.

Comment la trouvez-vous ?

LE DOCTEUR.

Toujours dans le même état.

ROLANDE.

Pas d'amélioration ?

LE DOCTEUR.

Non... surtout d'après ce que vous me dites.

ROLANDE.

Elle est très malade, n'est-ce pas ?

LE DOCTEUR.

Madame votre mère est gravement malade. Elle a, je vous l'ai dit, une affection cardiaque compliquée et trop longtemps négligée. Cependant il ne faut pas vous inquiéter outre mesure. M. de Montmorin n'est pas ici ?

ROLANDE.

Je n'ai pas encore vu mon père ; vous auriez voulu lui parler ?

LE DOCTEUR.

Oui, je n'aurais pas été fâché de lui dire deux mots. Mais je reviendrai ce soir ou demain matin au plus tard, et je le verrai.

Il remonte vers la porte du fond.

ROLANDE, l'accompagnant.

Toujours le même traitement ?

LE DOCTEUR, tenant la porte.

Toujours ; la potion toutes les deux heures, et les gouttes, le soir. (Saluant.) Mademoiselle...

ROLANDE

A bientôt, docteur.

SCÈNE II

ROLANDE, LA COMTESSE.

Rolande referme doucement la porte, puis redescend vers e lit ; Mme de Montmorin s'agite, fait entendre un balbutiement inintelligible. Rolande silencieuse guette son réveil.

LA COMTESSE, *ouvre les yeux et murmure d'une voix faible.*

Rolande...

ROLANDE.

Je suis là, ma mère. Te sens-tu mieux ?

LA COMTESSE.

Oh!... (Un silence.) Tout à l'heure, dans mon demi-sommeil, je t'entendais causer : avec qui étais-tu ?

ROLANDE.

Avec le docteur Berthier.

LA COMTESSE.

Ah ! je me figurais que c'était ton père.

ROLANDE.

C'était le docteur. Tu n'as besoin de rien ?

LA COMTESSE.

Non, merci. Mais je voudrais bien que tu ailles te reposer. Voilà plusieurs nuits que tu passes. Pourquoi te fatiguer ainsi ?

ROLANDE.

Je ne suis pas fatiguée. Ce n'est rien. J'irai me reposer dans quelques instants. Mais il faut bien que je le veille. Nous n'avons plus Annette, comme tu sais ; j'ai dû me séparer d'elle et prendre une nouvelle femme de chambre en qui je ne saurais avoir la même confiance.

LA COMTESSE.

Quelle heure est-il ?

ROLANDE, après avoir regardé la pendule.

Dix heures.

LA COMTESSE.

Déjà ?... Et ton père n'est pas encore venu savoir comment je vais...

ROLANDE.

Il n'est sans doute pas encore levé. Il est sorti hier après le dîner, et il a dû rentrer fort tard, car je ne l'ai pas entendu.

LA COMTESSE, se soulevant.

Tu ne l'as pas entendu rentrer ?

ROLANDE.

Non, ma mère. Il paraît qu'il a beaucoup à faire en ce moment au Ministère. Mon père a probablement travaillé cette nuit. Mais il ne tardera certainement pas. Tiens, on vient, c'est peut-être lui. (Un coup est frappé discrètement à la porte de droite. Rolande va ouvrir et dit :) Non, c'est Lucien... et M. Chardet.

SCÈNE III

LA COMTESSE, ROLANDE, LUCIEN, ÉTIENNE.

LUCIEN, à voix basse sur le seuil.

Comment va maman ?

ROLANDE, haut.

Elle est éveillée. Tu peux lui parler.

LUCIEN.

Bonjour, mère... Comment vas-tu ?

Il l'embrasse.

ÉTIENNE, à Rolande.

Mademoiselle...

ROLANDE, amicalement.

Bonjour, Monsieur.

LA COMTESSE, à Lucien.

Toujours bien doucement ; et toi ?

LUCIEN.

Très bien, très bien.

ROLANDE.

M. Chardet est là, ma mère.

LA COMTESSE.

Oui, je l'ai vu. Bonjour, Étienne. Vous êtes venu donner sa leçon à Lucien ?

ÉTIENNE, s'approchant.

Oui, Madame ; et je suis venu auparavant prendre de vos nouvelles. J'espère que je vous verrai bientôt rétablie.

LA COMTESSE.

Hélas, je ne crois pas votre souhait près de se réaliser. Mais je vous remercie, cela me fait toujours plaisir de vous voir. Et cela fait plaisir aussi à votre amie Rolande.

ROLANDE.

Mais certainement!

LA COMTESSE, à son fils dont elle caresse la tête.

Dis-moi, Lucien...

LUCIEN.

Maman...

LA COMTESSE.

Tu n'as pas vu ton père?

A cette question Rolande fait rapidement signe à Étienne de ne rien dire, Étienne répond par un signe indiquant qu'il ne sait rien.

LUCIEN.

Non, maman.

LA COMTESSE.

Va donc demander à Jean s'il est levé, et s'il l'est, fais-lui dire que je le demande.

LUCIEN.

Bien, maman.

Il sort par le fond.

LA COMTESSE.

Êtes-vous content de votre élève, Étienne?

ÉTIENNE.

Très content, Madame.

LA COMTESSE.

Faites-le bien travailler. On ne sait ce que l'avenir lui réserve.

ÉTIENNE.

Vous pouvez compter sur moi.

LA COMTESSE.

Je sais combien vous nous êtes dévoué.

ÉTIENNE.

Je serais bien ingrat, après tout ce que je dois à M. de Montmorin et à vous...

LA COMTESSE.

Ne parlons pas de cela. Et merci d'être venu.
      Elle lui tend la main.

ÉTIENNE.

Je vous salue, Madame. (A Rolande.) Au revoir, Mademoiselle.

ROLANDE.

Au revoir.

Étienne sort par la droite. Au moment où il sort Lucien reparaît.

LA COMTESSE.

Eh bien?

LUCIEN.

Jean m'a dit que papa était sorti.

LA COMTESSE, d'une voix altérée.

Ah! c'est bien. Va rejoindre ton professeur, va.
    Lucien disparaît et referme la porte.

SCÈNE IV

LA COMTESSE, ROLANDE.

La physionomie de la comtesse s'est brusquement assombrie. Elle a les sourcils froncés, la bouche contractée, les yeux fixes.

ROLANDE, qui l'observe dit d'un ton indifférent.

Il faut que mon père soit sorti de bonne heure...

A ce mot LA COMTESSE, se retourne vers sa fille avec un accent ironique

Sorti ? (Amèrement.) Il n'est pas rentré !

ROLANDE, surprise.

Comment ?

LA COMTESSE.

Non, te dis-je, c'est bien clair. S'il était rentré cette nuit, ce matin avant de repartir il serait venu ici. Il n'en a rien fait. C'est qu'il a passé la nuit hors de cette maison.

ROLANDE.

Au ministère, peut-être...

LA COMTESSE.

Non ! non !

ROLANDE.

Qu'est-ce donc que tu supposes ?

LA COMTESSE.

Je ne suppose pas. J'ai depuis longtemps la plus cruelle des certitudes. Va, ce n'est pas la première nuit que ton père passe ailleurs que sous son toit, en des lieux indignes de son nom, de son rang, et où sa seule présence est un outrage pour ma tendresse !

ROLANDE.

Calme-toi. Tu t'exaltes ; prends un peu de repos. Tu vas aggraver ton mal.

LA COMTESSE.

Penses-tu, mon enfant, que je te parlerais comme je viens de le faire, si les instants ne m'étaient comptés ? Dieu sait combien d'années j'ai souffert sans me plaindre. Mais à présent... Je vais mourir...

ROLANDE.

Ma mère !

LA COMTESSE.

Ne m'interromps pas et ne cherche pas à me donner des illusions, c'est inutile. Je vais mourir, je le sens, j'en suis sûre. C'est une question de jours, d'heures peut-être. Moi morte, c'est toi, Rolande, qui dois me remplacer ici. C'est pourquoi il faut que tu sois instruite de ce qui a été le chagrin dévorant de ma vie, de ce qui est pour ton frère et pour toi le danger de l'heure présente.

ROLANDE, subjuguée par le ton de la comtesse.

Je t'écoute !

Elle s'assied.

LA COMTESSE.

Bien. Ce qui m'a lentement tuée, vois-tu, c'est la douleur qu'éprouve une femme aimante, lorsque son cœur est sans cesse et cruellement meurtri et déchiré.

ROLANDE.

Mon père n'a-t-il pas pour toi toute l'affection qui t'est due ?

LA COMTESSE, vivement.

Si si, il m'aime. Ne suppose point qu'il ne m'aime pas et qu'il ne mérite pas d'être aimé. Il a les qualités les plus belles et les plus rares. Il est tendre, généreux, brave, d'une exquise délicatesse. Il a une intelligence d'élite. Ç'a été l'un des officiers les plus distingués de la marine. Et maintenant, il est digne à tous égards de la haute position qu'il occupe. Pour moi il a toujours été plein de bontés et de prévenances. Malheureusement il n'a jamais su être fidèle. Ses continuelles trahisons, voilà ce dont j'ai souffert jusqu'à la mort. Elles étaient trop nombreuses pour pouvoir être dissimulées. Du reste, lui-même a fini par ne me rien déguiser, tant il attache peu d'importance à ses éphémères intrigues ! Car ce n'est pas une femme qui l'a éloigné de moi, non, c'est toutes les femmes, n'importe laquelle, celle qui passe, aujourd'hui celle-ci, demain cette autre. Il les aime toutes, comme un joueur aime les cartes, comme un buveur les alcools. Quand je dis qu'il les aime, non, mais il les veut, il les lui faut. Il n'a jamais aimé, au vrai sens du mot, que moi seule, il me l'a mille fois juré. Mais peu m'importait ! J'étais jalouse de mes droits et de mes prérogatives d'épouse. L'homme qui est à moi, je le voulais tout entier, corps et âme. Je ne pouvais accepter la honte de ces perpétuels partages avec la première venue et ne pas sentir les souillures qu'il me rapportait de tous les endroits où il y a des femmes qui se vendent.

ROLANDE.

Ma pauvre mère !

LA COMTESSE.

Oui, tu peux le dire, j'ai été bien malheureuse ! Je me suis d'abord imaginé que l'insconstante humeur de ton père venait de son métier de marin, de ses longues absences, des curiosités qu'excitent, sous de lointaines latitudes, les femmes des autres races. J'ai pensé que, si je l'avais toujours là, près de moi, menant une vie calme au lieu d'une existence aventureuse, il deviendrait un autre homme. Je lui ai demandé sa démission. Bien que parvenu, jeune encore, à un grade élevé, bien qu'ayant les plus beaux états de service, sur mon désir il a quitté la marine sans hésiter, pour entrer dans la carrière administrative. Il ne s'y est pas moins distingué, puisqu'il est aujourd'hui l'un des quatre directeurs du ministère des colonies, et celui des hauts fonctionnaires dont on vante le plus la compétence. Mais mes espérances, à moi, ont été affreusement déçues. Le changement d'existence n'a point changé sa nature. Il est demeuré le même homme, toujours prêt à tout quitter, tout oublier pour suivre la première coquine rencontrée. J'espérais encore, que peu à peu, l'âge éteindrait ses irrésistibles ardeurs. Je me trompais toujours ! Avec les années, ses passions n'ont fait que grandir, devenir plus impérieuses, plus violentes ; et, naturellement, à mesure que ton père vieillit, elles lui coûtent plus cher, lui imposent de ruineuses prodigalités. Hélas, je n'ai jamais cessé de l'aimer comme aux premiers jours de notre mariage. A chaque trahison nouvelle, je pardonnais ; mais ma blessure s'était élargie, et ma force pour souffrir avait diminué. Cette mansuétude, cette lâcheté, du moins ne regardait que moi ; j'en étais la seule victime. Mais j'ai fait pis. Cédant aux sollicitations de ton père, pour le tirer de ses embarras pécuniaires, j'ai bien souvent donné mon consentement à des cessions, des ventes de valeurs et de terrains qui auraient dû vous revenir, à ton frère et à toi. Par ma faute vous serez moins riches que vous n'auriez dû l'être.

ROLANDE.

Ne parlons point d'argent ! Ce qui était à toi était à mon père, tu as eu raison de lui donner ce qu'il ta demandé.

LA COMTESSE.

Tu me pardonnes ?

ROLANDE.

Je ne te pardonne pas. Je t'approuve.

LA COMTESSE.

Chère enfant... peut-être as-tu raison. Car en agissant de la sorte, j'ai conservé à ton père sa position officielle que les réclamations de ses créanciers auraient pu compromettre, j'ai évité des scandales, j'ai sauvé au moins les apparences.

ROLANDE.

Je te répète que tu as bien fait.

LA COMTESSE.

Tu n'avais jamais rien soupçonné de tout cela ?

ROLANDE.

Si, parfois. Puis j'en ai su davantage.

LA COMTESSE.

Par qui ?

ROLANDE.

Par Annette. C'est même à cause de cela que je l'ai congédiée. Depuis la maladie, elle se permettait de vagues allusions à la conduite de mon père. Puis elle se querellait avec le valet de chambre, avec Jean. Elle a exigé que je choisisse entre elle et lui. Si ancienne dans la maison et si dévouée que fût Annette, je ne pouvais admettre de pareilles prétentions, ni tolérer qu'elle manquât de respect à mon père, même d'une façon déguisée. C'est pourquoi je l'ai renvoyée.

LA COMTESSE.

Tu as bien fait. Et dans les propos qu'elle tenait, elle n'a prononcé aucun nom ?

ROLANDE.

Elle a parlé de M⁻ Rixdal...
A ce nom M⁻ de Montmorin tressaille. Un silence.

LA COMTESSE, d'une voix altérée.

Laissons cela. (D'un ton plus ferme.) Si tu veux que je meure en paix, tu vas me jurer, Rolande, que, quand je n'y serai plus, tu défendras notre honneur, comme j'ai fait moi-même et les intérêts de ton frère et les tiens mieux que je n'ai su le faire.

ROLANDE.

Je te le promets !

LA COMTESSE.

C'est une lourde tâche que tu vas avoir à remplir. S'il se présentait des difficultés que tes seules forces seraient incapables de surmonter, il y a quelqu'un en qui tu peux avoir toute confiance, et au dévouement de qui tu peux faire appel.

ROLANDE.

Qui cela ?

LA COMTESSE.

Étienne.

ROLANDE.

M. Chardet ? Ah ! oui. Je crois qu'il a beaucoup d'amitié pour moi.

LA COMTESSE.

Eh bien, en cas de besoin adresse-toi à lui ; seulement... (Bruit de voiture au dehors.) Une voiture ? C'est ton père. Il sera ici dans quelques minutes...

ROLANDE.

Tu disais ?

LA COMTESSE.

Je disais : Seulement, tu comprends bien, n'est-ce pas, la grandeur du sacrifice que je t'impose ? Tant que l'avenir de ton frère ne sera pas assuré, et même tant que ton père vivra, ta présence dans cette maison est nécessaire, indispensable. Ta place est ici et non ailleurs. Ne l'abandonne pas, quoi qu'il puisse t'en coûter.

ROLANDE.

Rien ne me coûtera pour t'obéir et te tranquilliser

LA COMTESSE.

Tu me le jures ?

ROLANDE.

Je te le jure.

LA COMTESSE, avec effusion prenant la tête de sa fille dans ses mains et la baisant au front.

Que Dieu te bénisse, mon enfant, comme ta mère te bénit. (Voyant entrer Montmorin.) Voici ton père.

SCÈNE V

LA COMTESSE, ROLANDE, MONTMORIN.

MONTMORIN, entrant par le fond.

Eh bien, ma chère femme, comment te sens-tu ce matin ? — Bonjour, Rolande.

ROLANDE, très froide comme encore sous le coup des révélations que sa mère vient de lui faire, esquive, sans en avoir l'air le baiser que son père s'apprêtait à lui donner et lui répond seulement:

Bonjour, mon père.

Elle s'éloigne.

LA COMTESSE; *son mari est auprès d'elle et lui a pris la main.*

Je suis bien faible, j'ai passé une mauvaise nuit. (*Elle retire sa main.*) Comme tu viens tard!

MONTMORIN.

Je n'étais pas là. Je suis sorti de très bonne heure. J'étais obligé d'aller au ministère. Je viens de rentrer.

LA COMTESSE.

Oui. J'ai entendu ta voiture. Tu avais fait atteler?

MONTMORIN.

Ce matin? Non. J'ai pris une voiture dehors. (*A Rolande.*) Est-ce que Berthier est venu?

ROLANDE.

Oui, mon père

MONTMORIN.

Qu'est-ce qu'il a dit?

ROLANDE.

Pas grand'chose. Ma mère dormait. Aucun changement, m'a-t-il dit. Continuer le même traitement. Il doit repasser ce soir.

MONTMORIN.

Dès qu'il sera ici, qu'on m'avertisse. (*A sa femme.*) Mme Rixdal m'a demandé de tes nouvelles, et elle viendra en prendre elle-même.

LA COMTESSE.

Ah! tu l'as donc vue?

MONTMORIN.

Euh... Oui.

LA COMTESSE.

Quand ?

MONTMORIN.

Mais... ce matin.

LA COMTESSE.

Chez elle ?

MONTMORIN.

Non. Je l'ai rencontrée, en allant au ministère.

LA COMTESSE.

Comment ? Tu es allé en voiture...

MONTMORIN.

En voiture, oui... C'est-à-dire... non. Je suis revenu en voiture, mais j'étais allé à pied.

LA COMTESSE

Et c'est en allant que tu as rencontré Mme Rixdal ?

MONTMORIN.

En allant, oui, je viens de te le dire. Qu'y a-t-il dans tout cela d'extraordinaire ?

LA COMTESSE, avec un accent un peu amer.

Oh ! rien d'extraordinaire, assurément. Rien que de tout simple, au contraire.

Un silence.

MONTMORIN, embarrassé et regardant autour de lui, comme pour chercher un autre sujet de conversation.

Rolande a passé la nuit auprès de toi ?

LA COMTESSE.

Oui.

MONTMORIN.

Tu dois être bien fatiguée, Rolande?

ROLANDE.

Non, mon père.

MONTMORIN.

Mais si, mon enfant. Tu as très mauvaise mine. Tu devrais aller te reposer.

LA COMTESSE

C'est ce que je lui ai déjà dit... Va, Rolande.

ROLANDE, s'approchant de sa mère.

Tu n'as plus besoin de moi?

LA COMTESSE.

Non.

ROLANDE, penchée sur elle et l'embrassant.

En ce cas... (Se redressant et s'éloignant:) Je vais t'envoyer Rosalie.

LA COMTESSE.

Si tu veux.

MONTMORIN.

Qui ça, Rosalie?

ROLANDE.

La nouvelle femme de chambre.

MONTMORIN.

Ah! oui.

Rolande sort.

SCÈNE VI

MONTMORIN, LA COMTESSE.

LA COMTESSE, *après un silence, très doucement.*

Pourquoi mentir?

MONTMORIN.

Comment?

LA COMTESSE.

Crois-tu que je ne devine pas la vérité? Que je ne sache pas bien où tu as rencontré Mme Rixdal?

MONTMORIN.

Mais je te le répète : dans la rue.

LA COMTESSE, *arrêtant ses protestations d'un geste.*

Je t'en prie!... Est-ce que je ne connais pas, depuis longtemps, ta liaison avec cette femme? Si tu avais été ici ce matin, tu serais venu, avant de partir, savoir comment je me portais. Je t'ai réclamé plusieurs fois. Personne n'a su dire où tu étais, pas même Jean. Où tu étais? c'est bien simple. Tu étais chez elle et tu y avais passé la nuit.

MONTMORIN.

Mais je t'assure...

LA COMTESSE, *continuant.*

Es-tu à ce point affolé, que tu ne puisses t'arracher de chez elle? Ne peux tu attendre ma mort, pourtant prochaine?

MONTMORIN, il se lève et se promène avec agitation.

Voyons, voyons, ne parle pas ainsi. Tu me désoles. Oui, tu me fais beaucoup de chagrin, je te le jure, beaucoup de chagrin. Eh bien, oui, Mme Rixdal, c'est vrai, là ! Mais pas comme tu crois. Tu sais, tu as su ce qui s'était passé entre elle et moi, et comment nous sommes entrés en relations. Son mari était constructeur, il voulait une commande du ministère. Elle est venue me voir. Elle est jolie, coquette, aimable. Je me suis laissé entortiller. A présent qu'elle est veuve, elle a encore eu besoin de moi pour faire régler rapidement les comptes de son mari. Aussi ne m'a-t-elle pas lâché. Mais je veux en finir, j'y suis résolu. C'est pour cela que je suis allé hier chez elle, bien décidé à rompre.

LA COMTESSE.

Et tu en es sorti ce matin sans avoir rompu.

MONTMORIN.

Eh ! que veux-tu ? Moi, ces coquettes-là m'ensorcellent si aisément ! Mais je romprai, je te le jure Et je n'aurai pas à cela grand mérite. Car je ne l'aime pas. Ç'a été un simple caprice. J'ai subi je ne sais quel entraînement. Je n'aime que toi, tu le sais bien.

LA COMTESSE.

Quelle étrange façon tu as de vous aimer !

MONTMORIN.

Que veux-tu ? Je suis ainsi fait. Mais mon cœur est plein de toi seule. Aussi, quand tu parles comme tout à l'heure, cela me fait un effet horrible. Tu es malade, c'est vrai, mais nous te soignerons bien, tu guériras, tu ne mourras pas. Je ne veux pas que tu meures. Il me semble que j'en mourrais aussi.

LA COMTESSE.

Tais-toi. On vient.

SCÈNE VII

LA COMTESSE, MONTMORIN, ROSALIE,
entrant par la droite.

ROSALIE.

Mademoiselle m'a dit de venir me mettre à la disposition de madame la comtesse...

MONTMORIN, à demi-voix.

Tiens, elle est gentille, la nouvelle femme de chambre.

LA COMTESSE.

Tu trouves ?

MONTMORIN.

Oh ! je dis ça... Je ne l'avais pas encore vue. Tu m'avoueras que, comparée à la vieille Annette...

LA COMTESSE.

Sans doute !

ROSALIE.

Madame n'a besoin de rien ?

LA COMTESSE.

Si, Rosalie, donnez-moi une cuillerée de cette potion qui est là.

Rosalie prend sur la table une fiole, verse un peu de son contenu dans un verre qu'elle donne à la comtesse. Mme de Montmorin boit, repose le verre et s'étend dans le lit.

LA COMTESSE.

Vous ouvrirez la fenêtre et vous rangerez un peu.

ROSALIE.

Bien, madame.

LA COMTESSE.

Vous fermerez ce rideau.

Au moment où elle ferme le rideau.

MONTMORIN, debout près du lit demande à sa femme.

Tu vas dormir ?

LA COMTESSE.

Je vais essayer. Je crois que je vais m'assoupir un peu.

Elle ferme les yeux.
Rosalie exécute les ordres de la comtesse, elle se met à aller et venir dans la chambre, rangeant. Montmorin s'éloigne du lit, va vers la porte de droite comme s'il allait sortir, puis revient, marche un peu de long en large, examinant sa femme, se redresse et dit à Rosalie :

MONTMORIN.

Ne faites pas de bruit, madame dort.

ROSALIE, bas.

Bien, monsieur.

Elle continue sa besogne très doucement.

MONTMORIN, la regardant aller et venir, se dit à lui-même.

Elle est très gentille, cette fille-là !

Il se met à tourner autour d'elle. Elle remarque son manège, sourit et se met à le guigner du coin de l'œil.

MONTMORIN, répète entre ses dents.

Très gentille... (Un court silence ; puis, après un coup d'œil jeté au lit pour s'assurer que sa femme n'a pas bougé :) Dites-moi, Rosalie.. c'est bien Rosalie que vous vous appelez ?

ROSALIE, elle descend.

Oui, monsieur.

MONTMORIN.

Ah... quel âge avez-vous?

ROSALIE.

Vingt ans.

MONTMORIN.

Vingt ans ! c'est un joli âge. Surtout pour une jolie personne, car vous êtes une très jolie personne.

ROSALIE.

Oh! monsieur!

MONTMORIN.

Je vous assure. Je ne vous avais pas encore vue...

ROSALIE.

Monsieur m'avait déjà vue, mais il ne m'avait pas remarquée.

MONTMORIN, à lui-même.

Oh! Oh! (A Rosalie.) Si vous voulez. Eh bien, j'avais eu tort, car vous êtes extrêmement gentille.
Il descend.

ROSALIE.

Monsieur se moque de moi.

MONTMORIN, s'asseyant sur le canapé.

Pas le moins du monde. Avec ça que vous ne le savez pas ! Avec ça qu'on ne vous l'a jamais dit ! Hein ?

ROSALIE.

Oh ! mon Dieu, je ne dis pas non.

MONTMORIN.

Vous voyez bien !

ROSALIE.

Mais ces choses-là, ça se dit comme ça. Il ne faut pas y faire attention.

MONTMORIN.

Vraiment, quand on vous dit que vous êtes jolie, vous n'y faites pas attention ?

ROSALIE.

Non, monsieur... C'est-à-dire... cela dépend de la personne qui me le dit. Jusqu'ici...

MONTMORIN, la prenant par une main et la forçant de se mettre en face de lui.

Jusqu'ici ?..

ROSALIE.

Jusqu'ici ceux qui m'ont fait la cour étaient des ouvriers ou des domestiques. Alors, ça m'était égal, mais si c'était quelqu'un de bien, naturellement, ça me ferait plaisir.

MONTMORIN.

Est-ce que je suis « quelqu'un de bien », moi ?

ROSALIE.

Sans doute, monsieur.

MONTMORIN.

Alors, quand je vous dis que je vous trouve jolie, ça vous fait plaisir?

ROSALIE.

Mais oui.

MONTMORIN.

Tant mieux! car ça me fait plaisir, à moi, de vous faire plaisir. Et je vous le prouverai si vous voulez.

ROSALIE.

Comment cela?

MONTMORIN.

Mais que sais-je? En accomplissant vos désirs autant qu'il sera en mon pouvoir. Voyons, dites-moi ce qu'il y a dans cette petite tête, qui est charmante, décidément. Quels sont vos rêves, vos ambitions, Mlle Rosalie? Vous ne comptez pas rester éternellement femme de chambre?

ROSALIE, s'approchant.

Oh! non, monsieur. Voici ce que je voudrais...
Elle regarde avec inquiétude par-dessus le canapé du côté du lit.

MONTMORIN.

Qu'est-ce que vous avez?

ROSALIE.

Dame, monsieur, j'ai peur; si madame se réveillait...

MONTMORIN.

Il n'y a pas de danger. (Il la fait asseoir.) Vous disiez?

ROSALIE, confidentiellement.

Mon projet, c'est, quand j'aurai quelques économies, de m'établir, d'ouvrir une boutique de ganterie ou de parfumerie, dans un beau quartier...

MONTMORIN.

Bonne idée!

ROSALIE.

Là, j'espère qu'en travaillant bien, j'arriverai à me faire une clientèle et à ramasser des petites rentes. Alors je me marierai et je me retirerai à la campagne.

MONTMORIN.

Eh bien, mais, ce sont là des ambitions louables et qu'il serait dommage de ne pas réaliser. Espérez-vous bientôt pouvoir mettre à exécution ces projets?

ROSALIE.

Bientôt, non. Il me faudrait gagner au moins le double.

MONTMORIN.

Combien avez-vous?

ROSALIE.

Madame me donne cinquante francs.

MONTMORIN.

Eh bien, je vous en donnerai autant.

ROSALIE.

Ah! monsieur...

MONTMORIN.

Mais il faudra être gentille avec moi.

ROSALIE.

Monsieur verra qu'il n'a pas affaire à une ingrate.

MONTMORIN.

Bien vrai ?

ROSALIE.

Parole d'honneur !

MONTMORIN.

Eh bien, c'est dit. Je te double les gages, et, quand tu voudras t'établir, je t'offrirai ce qui te manquera pour installer ton commerce.

ROSALIE.

Et monsieur me donnera sa pratique ?

MONTMORIN.

Je te la donnerai ce soir même si ta porte n'est pas fermée.

ROSALIE.

Monsieur n'aura qu'à frapper trois fois.

MONTMORIN.

Embrasse-moi pour cette bonne parole.

Il l'embrasse.

LA COMTESSE, *qui, réveillée depuis quelques instants, a écouté d'abord avec l'air de ne pas comprendre, puis avec stupeur, enfin avec indignation, se dresse sur son lit et porte convulsivement ses mains à sa poitrine et à sa gorge.*

Ah ! misérables ! misérables !

Tous deux se séparent et se lèvent avec un cri.

MONTMORIN.

Ah ! (A Rosalie.) Va-t'en !

Rosalie sort à droite.

SCÈNE VIII

MONTMORIN, LA COMTESSE.

La comtesse est retombée inanimée dans son lit.

MONTMORIN.

Ah ! mon Dieu. (Il se précipite vers le lit.) Eh bien, qu'est-ce que tu as ? Reviens à toi. Elle ne bouge pas. Est-ce qu'elle est morte ? On dirait qu'elle est morte ! A moi ! Au secours ! quelqu'un. (Il court à la porte de droite et l'ouvre en appelant :) Au secours ! Au secours !

SCÈNE IX

LA COMTESSE, MONTMORIN, ROLANDE, JEAN, puis ÉTIENNE et LUCIEN, puis Mme RIXDAL.

ROLANDE, entrant.

Qu'est-ce qu'il y a ? Qu'est-il arrivé ?

MONTMORIN.

Ta mère... évanouie,... sans connaissance. (Jean paraît.) Jean ! courez chez le docteur Berthier. Ramenez-le vite ! vite !

Jean sort par la porte du fond qu'il laisse ouverte.

MONTMORIN, à Rolande qui est près du lit.

Eh bien... Elle ne revient pas à elle ?

ROLANDE.

Non.

Entrent Étienne et Lucien.

ÉTIENNE.

Qu'y a-t-il donc ?

ACTE PREMIER

MONTMORIN.

Ma femme évanouie... voyez.

ÉTIENNE, s'approchant.

Le cœur ne bat plus... c'est fini.

ROLANDE.

Elle est morte!

MONTMORIN.

Morte!

LUCIEN.

Ah! maman! maman!

Il se jette sur le lit en sanglotant.

Une jeune femme jolie, coquettement mise, entre par le fond. C'est

Mme RIXDAL.

Que se passe-t-il donc? Toutes les portes sont grandes ouvertes...

MONTMORIN.

Ah! madame Rixdal... Ma femme est morte.

Au nom de Mme Rixdal, Rolande a tressailli. Elle lui lance un regard sombre, puis, tristement, se penche vers sa mère.

Mme RIXDAL.

Morte! Ah! mon Dieu! Quel malheur!. Quel malheur pour vous! Et ce pauvre Lucien, qui donc lui servira de mère?

ROLANDE, *descend et debout près du lit, une main sur l'épaule de l'enfant, elle répond d'une voix ferme.*

Moi!..

Rideau.

2.

ACTE DEUXIÈME

Un salon chez Montmorin.

SCÈNE PREMIÈRE

MONTMORIN, seul.

il entre par la gauche, l'air soucieux, tenant des papiers qu'il examine. Il s'assied sur un canapé à l'avant scène de gauche, et continue de feuilleter les papiers.

En voilà des notes! Qu'est-ce que c'est que ça? Ah! Béru, bijoutier, rue de la Paix, 25000 francs. C'est chaud. (Il pose les factures à côté de lui.) Si je sais comment me procurer de l'argent pour payer tout ça... et pour vivre!... (On frappe à la porte du fond.) Entrez!

SCÈNE II

MONTMORIN, JEAN.

MONTMORIN, à Jean qui entre mystérieusement.

Qu'est-ce que c'est?

JEAN.

Monsieur, c'est... une dame qui demande à parler à monsieur.

MONTMORIN, reprenant ses factures.

Une dame? Quelle dame? Vous ne la connaissez pas?

ACTE DEUXIÈME

JEAN, souriant.

Oh! si, monsieur.

Très gai.

C'est M Mitaine!

MONTMORIN.

M Mitaine? ici? Oh! non, non, je ne veux pas la recevoir.

JEAN.

Je vais lui dire que monsieur n'y est pas.

Fausse sortie.

MONTMORIN, regardant les factures.

Au fait... Jean!

JEAN.

Monsieur?

MONTMORIN.

Si, faites-la entrer. Vous veillerez à ce qu'on ne vienne pas nous déranger.

JEAN.

Mais si mademoiselle veut parler à monsieur? (A mi-voix.) Elle n'est pas commode.

MONTMORIN.

Vous la prierez d'attendre et vous viendrez m'avertir. (Jean sort, Montmorin répondant à une réflexion.) Oui.

Il met les factures dans sa poche. La porte s'ouvre. Jean introduit une vieille dame à l'air respectable et se retire.

SCÈNE III

MONTMORIN, Mme MITAINE.

Mme MITAINE.

Monsieur le comte, je suis votre humble servante.

MONTMORIN, sur le canapé.

Bonjour, Mme Mitaine, dites-moi ce qui me vaut l'honneur de votre visite.

Mme MITAINE.

Vous devez me trouver bien hardie, monsieur le comte, de me présenter ici. Ce n'est point dans mes habitudes. J'attends mes clients chez moi, je ne vais pas les relancer à domicile. Si j'ai cru devoir aujourd'hui déroger à une règle dont je ne m'étais jamais départie jusqu'à ce jour, c'est que vous êtes un de mes plus anciens, de mes meilleurs clients, et que j'ai à vous offrir du *nanan*, une occasion rare, que vous ferez bien de ne pas laisser échapper.

MONTMORIN, l'arrêtant du geste.

Oh! Mme Mitaine, non. Je vous remercie.

Mme MITAINE.

Vous ne savez pas ce que vous refusez...

MONTMORIN.

Oh! je m'en doute. J'ai été, comme vous dites, un de vos meilleurs clients et je rends pleinement justice à vos mérites. Discrétion, célérité, confort, telle est votre devise. Lorsqu'un homme désœuvré désire passer une soirée agréable, il n'a qu'à s'adresser à vous. On traite à forfait, et moyennant un prix très raisonnable, vous fournissez le gite, la table et une compagne aimable et exempte de pruderie. C'est parfait: seulement, quand vous chuchotez mystérieusement à l'oreille du visiteur, en lui amenant la personne : « C'est une femme du monde que des embarras d'argent ont contrainte de s'adresser à moi, » ou bien : « C'est une jeune fille des mieux élevées, elle a tous ses diplômes et hier encore elle était dans sa famille » ; si le monsieur est comme moi, un vieux parisien, il reconnaît au premier coup d'œil, dans la vierge dévoyée ou la femme du monde besogneuse, une habituée de l'Eden et du Café Américain, ou tout au plus une petite actrice d'un *bouis-bouis* momentanément à la côte. Eh bien, ma chère Mme Mitaine, autrefois j'ai pu trouver quelques joies dans le commerce de ces exquises demoiselles ; mais, à présent, je suis trop vieux pour apprécier leurs charmes. Il me faut, quelque chose de mieux et de plus difficile. C'est pourquoi je repousse d'avance vos offres. Voilà !

Mme MITAINE.

Monsieur le comte, vos éloges me touchent et vos plaisanteries me ravissent. Mais je sais depuis longtemps que vous êtes aussi spirituel qu'aimable ; et, dans la circonstance, vous avez tort de vous moquer. Il ne s'agit pas cette fois d'une habituée, d'une personne du métier, qui, malgré les qualités qu'elle peut avoir, n'a pas l'attrait de l'inédit. Il s'agit d'une primeur, d'une vraie primeur. Oui, monsieur le comte. Je l'ai dénichée dans une famille d'ouvriers, qui d'ailleurs ne s'en soucie guère. Une petite fille ravissante. Quinze ans tout juste. Gentille à croquer. Et ça travaille! Quel dommage! Mais elle ne demande qu'à mal faire. Un hasard providentiel l'a placée sur mon chemin; et dans ma pensée, c'est à vous que je l'ai destinée tout de suite. Ai-je eu tort? Qu'en dites-vous?

MONTMORIN.

C'est fort alléchant, si l'objet répond réellement au prospectus...

Mme MITAINE, très sérieuse.

Ah! ça, ma parole d'honneur. Je vous la garantis sur facture!

MONTMORIN, s'inclinant.

Je vous crois. Mais encore une fois non, je vous remercie. J'ai d'autres préoccupations en tête. Je n'en suis pas moins enchanté de vous voir. Asseyez-vous donc. Je sais par expérience qu'on peut avoir recours à vous pour des besoins divers; vous avez plus d'une corde à votre arc. En ce moment, voyez-vous, je traiterais plus volontiers avec la procureuse d'argent qu'avec...

Mme MITAINE.

La procureuse de femmes!

MONTMORIN.

Je n'ai pas dit cela. J'allais dire la galante intermédiaire.

Mme MITAINE.

L'expression est jolie. Mais celle-ci ou l'autre, peu m'importe. Je n'ai pas de préjugés. Ne vous gênez donc pas!

MONTMORIN

Je ne me gêne pas. Seulement... Seulement, je suis gêné.

Mme MITAINE.

Sérieusement ? Ou si vous voulez rire ?

MONTMORIN.

Je n'en ai pas la moindre envie. Vous voyez en moi un homme absolument à court d'argent.

Mme MITAINE.

Comment cela se fait-il ? Bien que vous ayez un peu écorné son avoir, Mme de Montmorin a encore laissé une belle fortune...

MONTMORIN.

A ses enfants.

Mme MITAINE.

Vous êtes le tuteur de votre fils ; et, en vertu de votre qualité de père, vous n'aurez à lui rendre compte que du capital.

MONTMORIN.

Bigre ! vous êtes ferrée sur le droit.

Mme MITAINE.

J'ai été très liée dans ma jeunesse avec un substitut qui m'a donné des notions pratiques. C'est bien utile.

MONTMORIN.

Assurément. Mais, Mme Mitaine, il y a autre chose que la loi, pour moi du moins. La loi ne m'oblige à rendre compte que du capital, mais l'honneur m'oblige à rendre compte de tout.

Mme MITAINE.

Je l'entends bien ainsi. Mais rien ne vous empêche de disposer momentanément des revenus, et les rendre ensuite.

MONTMORIN.

Soit ! Malheureusement, les revenus de Lucien sont beaucoup moins considérables que vous ne supposez. La comtesse a par son testament avantagé Rolande. C'est fort juste, puisque Rolande est une fille et qu'il lui faudra une dot.

Mme MITAINE.

Mlle Rolande ne refuserait pas de vous prêter l'argent qui vous est nécessaire ?

MONTMORIN.

C'est ce qui vous trompe. Elle m'a déjà refusé.

Mme MITAINE, à part.

Diable !

MONTMORIN.

Il me reste mes appointements qui ne suffisent point à mes besoins actuels, et mon crédit, qui est considérable. Je trouverais sans peine cent cinquante ou deux cent mille francs.

Mme MITAINE, à part.

Je respire ! (Haut.) Eh bien ?

MONTMORIN.

Mais je ne veux pas emprunter à mes amis. Cela se saurait, et ma situation au ministère pourrait en souffrir. Je préférerais infiniment m'arranger avec vous.

Mme MITAINE, après un silence.

Ce n'est pas une affaire de ce genre que j'étais venue traiter. Mais je serai enchantée de vous rendre service.

MONTMORIN.

A la bonne heure.

Mme MITAINE.

Seulement il faut que je voie ce dont je peux disposer et quelles garanties je puis vous demander. Vous pouvez bien attendre un jour ou deux ?

MONTMORIN.

Oh ! Et même davantage.

Mme MITAINE.

Non. Voulez-vous passer demain chez moi, entre quatre et cinq ? J'espère que nous nous arrangerons.

MONTMORIN.

J'en suis persuadé. (Il se lève.) A demain donc !

Mme MITAINE, se levant.

En attendant, permettez-moi de vous dire une chose. Pourquoi êtes-vous gêné ? Parce qu'on vous gruge. Votre Mme Rixdal vous mettra sur la paille !

MONTMORIN.

Mme Rixdal ? Quelle plaisanterie ! Qui est-ce qui vous a dit ça ?

Mme MITAINE.

Je le sais. Tout le monde sait ça. Elle est connue. C'est une mangeuse. Elle en a croqué, de l'argent ! Et puis elle commence à être un peu défraîchie. Elle a tant circulé ! Vous n'êtes pas le premier, allez, ni même le dixième. Tandis que Zizine...

MONTMORIN.

Qui ça, Zizine ?

Mme MITAINE.

Thérésine Putois, la petite fille dont je vous parlais, ma primeur, ma perle. Ça, c'est gentil et tout neuf, et bon marché ! Ah ! Si vous la voyiez ! Tenez, je ne vous demande pas d'acheter chat en poche. Voulez-vous la voir ?

MONTMORIN.

Mais non...

Mme MITAINE.

Pourquoi ? La vue n'en coûte rien. Elle vient tantôt chez moi me rapporter de l'ouvrage. Je vous l'enverrai sous un prétexte. Et quand vous l'aurez vue... Je suis tranquille !

MONTMORIN.

Je vous dis que non. Ce n'est pas la peine.

Mme MITAINE.

Mais si.

MONTMORIN.

Je vais sortir.

Mme MITAINE.

Quand rentrez-vous ?

MONTMORIN.

Ah! dans une heure.

M½é MITAINE.

Eh bien, dans une heure et demie, elle sera ici.

MONTMORIN.

Enfin je serai chez vous demain entre quatre et cinq. Quant à Zizine, c'est inutile.

M½é MITAINE.

Savoir !

SCÈNE IV

MONTMORIN, JEAN.

MONTMORIN, seul.

Elle est très bien, cette vieille marchande de chair humaine. (Allant à la porte du fond et appelant.) Jean !

JEAN, entrant.

Monsieur ?

MONTMORIN.

Donnez-moi mon pardessus et mon chapeau.

JEAN, sort et apporte les objets demandés.

Voilà, monsieur.

MONTMORIN, les prenant.

Merci. (Il réfléchit.) Dites-moi, est-ce qu'Annette est là ?

JEAN à part.

Le vieux prix Monthyon ? (Haut.) Je crois que oui, monsieur.

MONTMORIN, posant son pardessus et son chapeau sur une table.

Priez-la donc de m'envoyer mademoiselle Rolande.

JEAN.

Bien, monsieur.
  Il ouvre la porte du fond. Rolande entre par la droite.

MONTMORIN, l'apercevant.

Ah ! non, ne vous dérangez pas. Voici mademoiselle.

            Jean sort.

SCÈNE V

ROLANDE, MONTMORIN, Rolande tient un revolver à la main.

MONTMORIN.

Tiens ! pourquoi cette arme ?

ROLANDE.

Ça ? c'est ton revolver que tu avais posé sur la table de ton cabinet. Je l'ai vu en passant, et comme il est chargé et que je ne tiens pas à ce que Lucien y touche...

Elle traverse la scène et va serrer le revolver dans un meuble.

ACTE DEUXIÈME

MONTMORIN.

Ah! bon.

Il se dirige vers la table où il reprend son pardessus et son chapeau.

ROLANDE.

Tu sors ?

MONTMORIN.

Oui. Je ne suis pas fâché de te voir auparavant.

ROLANDE.

Pour ?...

MONTMORIN.

Mais.. d'abord pour te dire au revoir. Et puis, je... Tu ne sors pas, toi ?

ROLANDE.

Non, mon père.

MONTMORIN.

En ce cas... Mme Rixdal va venir.

ROLANDE.

Ah!

MONTMORIN.

Je te prie de la recevoir et de lui faire bon accueil.

ROLANDE.

Mon père...

MONTMORIN.

Eh bien ?

ROLANDE.

Je préfère ne pas la recevoir.

MONTMORIN.

Pourquoi ?

ROLANDE.

Elle me déplaît.

MONTMORIN.

Sans raison ! Mme Rixdal est une de nos amies.

ROLANDE.

Une de tes amies.

MONTMORIN, réprimant un mouvement de colère.

Soit! mais je puis t'assurer qu'elle s'intéresse beaucoup à toi et que tu dois la recevoir. Deux fois déjà, elle est venue, et tu ne l'as pas reçue. Ton deuil était récent, c'est bien. Mais à présent! refuser de la voir encore serait inexplicable. Je ne puis admettre un semblable caprice. Ce n'est pas le premier, depuis que tu as pris la direction de la maison. Il t'a plu de congédier Rosalie...

ROLANDE.

La présence de cette jeune fille ici ne m'a pas paru convenable.

MONTMORIN, fronçant le sourcil.

A cause ?

ROLANDE.

A cause de... de... Jean !

MONTMORIN.

Bon ! Enfin il t'a plu de la renvoyer et de reprendre la vieille Annette. Je n'ai rien dit. Mais pour Mme Rixdal, je désire que tu la reçoives. Est-ce compris ?

ROLANDE.

Tu ne fais que le désirer ?

MONTMORIN.

N'est-ce pas assez? Jadis les désirs des pères étaient des ordres pour les enfants ! Est-ce un ordre formel que tu veux?

ROLANDE.

Je le préfèrerais.

MONTMORIN.

Eh bien, je te le donne.

ROLANDE.

Il suffit, je la recevrai.

MONTMORIN.

Allons donc ! (Changeant de ton.) Il faut bien des *si* et des *mais*, Mlle Rolande, pour obtenir de vous les choses les plus simples du monde. Voyons, ma chère enfant, un malheur cruel nous a frappés. Nul ne l'a ressenti plus vivement que moi. Aussi je ne te blâme pas de conserver au fond du cœur un tendre et douloureux souvenir pour ta mère. Mais crois bien que la meilleure façon d'honorer sa mémoire, c'est de lui emprunter un peu de sa bienveillance et de sa cordialité. Quitte cet air glacé et cette attitude contrainte. Tu es jeune, la vie te réserve sans doute bien des joies ; et c'est peut-être à Mme Rixdal que tu les devras, ingrate !

ROLANDE.

Ah ! je serais bien surprise que Mme Rixdal m'apportât du bonheur!

MONTMORIN.

Si, si, c'est une idée qu'elle a eue. Je sais ce que je dis. Allons, embrasse-moi. (Elle lui tend son front qu'il baise.) Et au revoir.

Il ouvre la porte du fond.   Entre Étienne.

SCÈNE VI

MONTMORIN, ROLANDE, ÉTIENNE.

MONTMORIN.

Tiens, voilà Étienne, justement. Bonjour, Étienne.

ÉTIENNE.

Monsieur...

Ils échangent une poignée de main.

MONTMORIN.

Je me sauve !

Il sort.

SCÈNE VII

ROLANDE, ÉTIENNE.

ÉTIENNE.

Lucien, m'a dit, mademoiselle, que vous désiriez me parler?

ROLANDE.

Oui, j'ai des choses à vous dire... des choses graves.

ÉTIENNE.

Graves?

ROLANDE.

Sérieuses, tout au moins. Depuis quelque temps je désire avoir avec vous cette explication. Il faut qu'elle soit nette et sincère de part et d'autre. Puis-je compter sur votre franchise, comme vous pouvez compter sur la mienne?

ÉTIENNE.

Certes. Quoi que vous me demandiez, je vous répondrai.

ROLANDE.

Bien. Votre père que vous avez trop peu connu, était l'ami du mien, son camarade, son frère d'armes. Ils ont vécu longtemps la même existence, traversé les mêmes périls; et quand votre père a été tué, le mien combattait à ses côtés et a reçu son dernier soupir. Cette affection profonde qui les unissait ne s'est elle pas perpétuée dans leurs enfants?

ÉTIENNE.

Quelle question me faites-vous là? Ne savez-vous pas quelle est ma tendresse pour vous?

ROLANDE.

Je crois, en effet, que vous avez pour moi une vive tendresse. Mais quelle en est au juste la nature? Répondez-moi : s'il ne s'agit que d'amitié, il n'est pas utile que je vous en dise davantage.

ÉTIENNE.

De la part d'un homme, jeune comme moi, vis-à-vis d'une jeune fille comme vous, la simple amitié n'est guère vraisemblable. Je vous aime d'amour, Rolande, et mon unique souhait est que vous deveniez ma femme.

ROLANDE.

Eh bien, moi aussi, Étienne, j'ai plus que de l'amitié pour vous et j'aurais été fière de porter votre nom. Cependant, nous ne pouvons pas, nous ne devons pas nous marier.

ÉTIENNE.

Je ne comprends pas. Pourquoi? Est-ce que M. de Montmorin...?

ROLANDE.

Mon père, j'en suis persuadée, ne mettrait aucun obstacle à notre mariage. L'obstacle vient de moi seule et des devoirs que j'ai acceptés. Savez-vous de quoi ma mère est morte?

ÉTIENNE.

Mais... d'une maladie de cœur...

ROLANDE.

A vous, je n'ai rien à cacher. Elle est morte surtout du chagrin que lui ont causé les trop nombreuses et trop fréquentes infidélités de mon père. Vous n'êtes pas sans savoir quelque chose à ce sujet?

ÉTIENNE.

J'ai entendu parler de la liaison de M. de Montmorin avec M™ Rixdal....

ROLANDE.

Avec elle, et avec bien d'autres. Il y a là chez lui une passion incurable; et depuis que ma mère n'est plus là, il n'est plus retenu par rien. Il ne songe qu'à ajouter de nouvelles conquêtes à toutes celles qu'il a déjà faites. Même Rosalie, oui, cette domestique qui était ici. Quelques jours après la mort de ma mère, je m'en suis aperçue. C'est pourquoi j'ai renvoyé cette fille et repris Annette. A quels égarements une telle passion pourrait-elle entraîner mon père?... Voilà ce que je me demande avec effroi.

Mais j'ai juré de rester ici, de veiller, de défendre l'honneur du nom, de sauvegarder les intérêts de Lucien. Voilà pourquoi je ne puis être votre femme, ni celle de personne.

ÉTIENNE.

Ne pourriez-vous, vous mariant, garder votre père avec vous?

ROLANDE.

Non, mon ami, n'espérez pas que cela soit possible. Tant que je n'ai pas de mari, mon père est contraint de me garder auprès de lui, de me laisser la direction de la maison. Du jour où je serais mariée, il s'éloignerait vite, il reprendrait sa liberté et Dieu sait qui s'emparerait bientôt de la place abandonnée par moi. Tant qu'il vivra, ou tant qu'une vieillesse avancée ne l'aura pas rendu enfin... raisonnable, je dois être ici, près de lui. Voilà ce que j'avais à vous dire, Étienne; ce que je tenais à honneur de vous dire, afin de ne pas encourager dans ses illusions un amour que j'avais deviné. Dès à présent, il faut que vous renonciez à moi, à moins de vous résigner à une attente dont je ne puis prévoir le terme.

ÉTIENNE.

Devant de telles raisons, je ne peux que m'incliner. Mais, puisque vous m'aimez comme je vous aime, Rolande, je ne renoncerai pas à vous. Aussi longtemps qu'il le faudra, je vous attendrai, soyez tranquille.

ROLANDE.

J'espérais cette réponse, et je suis heureuse de voir que je n'avais pas trop présumé de votre amour. Hélas, ce n'est pas une riche héritière qui vous est réservée.

ÉTIENNE.

Ah! que m'importe!

ROLANDE.

Je suis presque ruinée déjà. Mon père dépense sans compter. J'ai payé, à son insu même, plusieurs de ses créanciers qui menaçaient de mettre opposition sur son traitement Il le fallait, car mon père est en butte à bien des attaques, à cause de ses opinions, et au moindre scandale on le sacrifierait. Seulement, je ne veux pas qu'il se doute que j'ai payé quoi que ce soit pour lui, ses prodigalités n'auraient plus de bornes. Je vous dis cela, parce que désormais vous serez de moitié dans mes préoccupations, dans mes tourments. Et en bien des circonstances où je ne saurais agir moi-même, je compte recourir à vous.

ÉTIENNE.

Je suis entièrement à vous. Disposez de moi autant qu'il vous plaira.

ROLANDE.

Ainsi ferai-je. Merci. (Elle lui tend une main, qu'il baise à plusieurs reprises. Retirant sa main.) Assez... Assez. Au revoir!

ÉTIENNE.

A bientôt.

Il sort par la droite.

SCÈNE VIII

ANNETTE, ROLANDE.

Annette entre par le fond. Rolande, qui a suivi des yeux Étienne, se retourne vers Annette d'un air interrogateur.

ANNETTE.

Mme Rixdal demande si mademoiselle est visible. Je vais répondre que non, n'est-ce pas, comme les autres fois?

ROLANDE.

Du tout. Dites que je suis visible.

ANNETTE.

Vous allez recevoir cette femme? Vous n'y pensez pas!

ROLANDE.

Ah! Annette, vous vous oubliez. Vous savez à la suite de quelles discussions j'avais cru devoir me séparer de vous. Plus tard, je vous ai demandé de rentrer ici. Vous y avez consenti sans conditions, mais non sans m'exposer vos scrupules. Je vous ai répondu que dorénavant c'était moi la maîtresse de cette maison, et que, tant que je la serais, vous n'y verriez rien qui pût froisser votre conscience. Cette assurance doit vous suffire. Faites entrer Mme Rixdal.

Annette se retire sans répliquer. Rolande descend; puis reste immobile, tournée à demi vers la porte du fond; Mme Rixdal paraît.

SCÈNE X

Mme RIXDAL, ROLANDE.

Mme RIXDAL.

Ah ! chère mignonne, enfin, j'arrive donc à vous voir. Cette chère enfant !
Elle s'avance vers Rolande, souriante et les mains tendues comme pour l'embrasser.

ROLANDE, froidement, lui désignant un siège.

Asseyez-vous donc, Madame, je vous prie.

Mme RIXDAL, interloquée.

Je... je vous remercie. (*Elle s'assied. Rolande l'imite.*) Et comment allez-vous, chère enfant ?

ROLANDE.

Fort bien.

Mme RIXDAL.

Oui ? Je vous trouve un peu pâlotte. Cela se comprend, après la terrible épreuve que vous avez traversée. Je suis déjà venue plusieurs fois pour vous voir. On a dû vous le dire ?

ROLANDE.

Je sais que vous êtes venue.

Mme RIXDAL.

Mais vous étiez absente.

ROLANDE.

Pardonnez-moi. Je suis très peu sortie depuis la mort de ma mère. Je n'ai pu vous recevoir.

Mᵐᵉ RIXDAL.

Ah! oui. Vous désiriez être seule. C'est bien naturel... Eh bien, je ne me suis pas laissée décourager et me voici. Savez-vous pourquoi j'avais un si vif désir de vous voir?

ROLANDE.

Je l'ignore.

Mᵐᵉ RIXDAL.

C'est que j'ai beaucoup d'affection pour votre père. Je lui dois beaucoup. M. de Montmorin a été excellent pour moi. Je suis on ne peut plus reconnaissante de toutes ses bontés. Par malheur, je ne peux lui en donner la preuve.

ROLANDE.

Pourquoi?

Mᵐᵉ RIXDAL.

Mais comment voulez-vous?... Je ne puis rien pour lui... Mais j'ai espéré pouvoir vous payer, à vous, la dette contractée envers lui. Je n'ai pu songer sans tristesse et sans apitoiement à votre situation nouvelle. Une jeune fille, presqu'une enfant encore, seule, sans mère, c'est désolant.

ROLANDE.

Cela est pénible, en effet.

Mᵐᵉ RIXDAL.

Rien n'est plus triste. A qui désormais ouvrirez-vous votre cœur? A qui confierez-vous vos secrètes pensées, vos désirs, vos tristesses ? Si bon que soit votre père, il y a des confidences délicates qu'une jeune fille ne peut faire qu'à une mère ou à une sœur. Vous n'avez plus de mère, vous n'avez pas de sœur. Pauvre enfant ! Une mère ne se remplace pas. Mais, à défaut de sœur, une amie tendre et dévouée, c'est quelque chose, c'est beaucoup... Voulez-vous que je sois cette amie ? J'ai cette expérience de la vie, qui vous manque, je saurai vous guider, vous conseiller..

ROLANDE, interrompant.

Mon Dieu, madame, ma mère a pris soin de m'instruire de mes devoirs et de me tracer la conduite que j'aurais à tenir. J'estime qu'en suivant ses conseils, en obéissant à ses ordres, je suis sûre de ne pas m'égarer.

Mme RIXDAL.

Mme de Montmorin, je n'en doute pas, a dû vous faire les recommandations les plus sages. Mais elle n'a pu tout prévoir. Elle a dû forcément se borner à des généralités. Enfin, ce n'est pas de ses intentions qu'il s'agit, c'est des vôtres.

ROLANDE.

Je ne comprends pas.

Mme RIXDAL.

Quels sont vos projets ?

ROLANDE.

Ils sont bien simples. Je compte continuer à vivre comme j'ai commencé, à m'occuper de cette maison, de ses intérêts et de sa bonne renommée ; enfin à remplir ici de mon mieux la place laissée vide.

Mᵐᵉ RIXDAL.

Oui ? Ce n'est pas sérieux !

ROLANDE.

Vous trouvez ? Il me semble, au contraire, qu'il est peu de tâches plus sérieuses.

Mᵐᵉ RIXDAL.

D'accord! Je vous dis que cela n'est pas sérieux, parce que ça l'est trop, sérieux. A votre âge, songez donc! Vous n'y tiendriez pas. Vous vous ennuieriez à périr. Vous ne pouvez assumer toutes les charges et tous les tracas d'un ménage sans en avoir les agréments ; vous imposer tous les devoirs de la femme, sans vous délivrer des obligations de la jeune fille...

ROLANDE.

Conclusion ?

Mᵐᵉ RIXDAL.

Il n'y a qu'un parti à prendre, le seul raisonnable et le seul qui vous donne le rôle auquel vous êtes destinée.

ROLANDE.

Et ce parti, c'est... ?

Mᵐᵉ RIXDAL.

Vous marier.

ROLANDE.

Ah !

Mᵐᵉ RIXDAL.

Mais oui, chère enfant, c'est à cela qu'il faut songer. Vous n'allez pas vous enterrer ici ; il faut vivre. Et ce ne sont pas des paroles banales que je vous dis là, ce n'est pas un conseil en l'air que je vous donne. Je vous ai trouvé un mari.

ROLANDE.

Vraiment? Qui donc cela ?

Mme RIXDAL.

Oh ! je n'ai pas eu besoin de beaucoup chercher. Il m'a suffit de regarder autour de vous. Ce jeune homme qui donne des leçons à votre frère...

ROLANDE.

M. Chardet ?

Mme RIXDAL.

Lui-même. C'est le fils d'un camarade de votre père. M. de Montmorin l'a en quelque sorte adopté, il l'a élevé comme son fils. C'est votre ami d'enfance, vous vous êtes toujours connus. Il est loyal et studieux. Il s'est consacré à des études scientifiques dans lesquelles il promet, paraît-il, de s'illustrer. Il y a entre vous et lui une sympathie de vieille date, qui ne demande, c'est certain, qu'à se transformer en amour. Il n'est pas riche, mais vous l'êtes pour deux. D'ailleurs, il a devant lui un brillant avenir. Quel meilleur mari pourriez-vous rêver? Lorsque cette idée m'est venue, elle m'a tout de suite frappée, comme une heureuse inspiration. J'en ai parlé à votre père, il a été du même avis que moi. Il m'a laissé le soin de vous parler de ce projet. Songez-y bien, et quand vous aurez réfléchi, il aura votre approbation, j'en suis sûre.

ROLANDE.

La réflexion est inutile. J'aime M. Étienne Chardet, et il m'aime aussi.

Mme RIXDAL, avec un mouvement de joie.

En ce cas...

ACTE DEUXIÈME

ROLANDE.

Je viens d'avoir un entretien avec lui. Je lui ai dit quels étaient mes sentiments, et j'ai ajouté que je ne pouvais être sa femme. Il l'a compris.

Mme RIXDAL.

Comment ?

ROLANDE.

Parce que je veux, parce que je dois rester auprès de mon père. Ma mère me l'a ordonné et je lui obéirai.

Mme RIXDAL.

Quel enfantillage! vous ne quitterez point votre père, parce que vous vous marierez. Soit qu'il aille demeurer avec vous, soit qu'il habite seul...

ROLANDE.

Il habiterait seul, et c'est ce que je ne veux pas, Madame.

Mme RIXDAL.

Pourquoi ?

ROLANDE, lentement.

Je ne veux pas qu'il soit livré à lui-même. Son humeur l'exposerait trop aux entreprises de quelque intrigante qui ne tarderait pas à s'implanter chez lui, à le circonvenir, sous prétexte d'égayer sa maison solitaire, de lui épargner les soucis domestiques, et finirait peut-être par usurper une place et un titre dont elle serait vraiment indigne. Tant que je serai ici, cela ne sera pas, je vous le jure. C'est pourquoi je suis et je resterai la maîtresse incontestée. Ma résolution est inébranlable. Si vous en êtes affligée, je le regrette. Mais cela dit, vous vous épargnerez, je pense, de nouvelles tentatives et vous vous éviterez la peine de me donner des avis qui ne seraient pas écoutés.

Mme RIXDAL, suffoquée.

Vous avez une singulière façon, mademoiselle, de recevoir les conseil désintéressés qu'on vous donne. Si j'étais femme à me froisser, j'en pourrais trouver matière dans les paroles que vous venez de prononcer.

ROLANDE.

Si quelque chose vous a choquée dans mes paroles, j'en suis désolée. Il est vrai, je reçois assez mal les conseils. C'est que, par un fâcheux effet de ma nature, j'ai toujours peine à croire qu'ils soient aussi désintéressés qu'on le dit.

Mme RIXDAL.

De mieux en mieux! Voilà un commentaire qui rend tout à fait claire votre allusion de tout à l'heure aux intrigantes dont, sans vous, votre père deviendrait la proie. Ou je me trompe fort, ou je puis m'en faire l'application !

ROLANDE.

Souffrez que je ne m'explique pas davantage.

Mme RIXDAL.

Je ne vous importunerai plus, mademoiselle.

ROLANDE.

Je regrette que vous n'ayez pas compris vous même combien votre présence ici était déplacée !

Mme RIXDAL.

Ah ! c'est là un reproche qu'on n'aura plus à m'adresser.

Au moment où elle va sortir. Montmorin rentre.

SCÈNE XI

MONTMORIN, ROLANDE, Mme RIXDAL.

MONTMORIN, à Mme Rixdal, souriant.

Je pensais vous trouver ici...

Mme RIXDAL, avec colère.

C'est la dernière fois que vous m'y trouverez, mon cher.

MONTMORIN, pétrifié.

Comment ?

Mme RIXDAL.

Mademoiselle votre fille vient de me tenir un langage que je ne m'exposerai pas à entendre de nouveau. Quant à vous, qui, en me demandant la démarche que je viens de faire, m'avez valu cette avanie, je ne vous le pardonnerai jamais. Bonsoir.

Elle sort.

SCÈNE XII

MONTMORIN, ROLANDE.

MONTMORIN.

Madame, chère madame... elle est partie... (Il marche vers sa fille et la saisit par le bras.) Qu'est-ce qui s'est passé ? Qu'as-tu dit ?

ROLANDE, essayant de se dégager.

Oh ! tu me fais mal, tu me fais mal.

MONTMORIN, la lâchant.

Eh ! je te fais mal... Voyons, parle! De quelle façon as-tu reçu Mme Rixdal? A ce que je vois, tu as une manière de te soumettre à mes ordres, pire que la désobéissance. Crois-tu que je le souffrirai ?

ROLANDE.

Mon père, rien, pas même des violences, ne pourrait me faire oublier le respect que je te dois. Je ne t'expliquerai pas ma conduite.

MONTMORIN, stupéfait.

Tu ne... ?

ROLANDE.

Non, parce que, pour te l'expliquer, il me faudrait te manquer de respect et te dire des paroles que tu ne dois pas entendre de ma bouche. Je te dirai ce que j'ai fait. A toi de deviner les motifs qui m'ont poussée, ce ne te sera probablement pas difficile. Mme Rixdal est venue. Tu m'avais enjoint de la recevoir : je l'ai reçue. Je l'ai reçue avec froideur, mais poliment. Elle m'a offert ses conseils. Je ne les ai pas acceptés. Elle m'a engagée à me marier. Je lui ai répondu que je ne marierais pas, estimant ma présence dans cette maison nécessaire, ne serait-ce que pour ôter à d'autres personnes l'envie de s'y établir. Mme Rixdal a pris cela pour elle et s'en est allée fort irritée. J'en suis fâchée. Elle aurait dû avoir le bon sens de ne pas venir. Elle se serait épargné l'humiliation d'entendre des paroles sincères et justes... Crois-tu que je ne sache pas à quoi m'en tenir sur le compte de cette femme, de cette aventurière ? Crois-tu que ma mère, dans notre suprême entretien, ne m'ait point dit des choses graves et solennelles ; qu'elle ne m'ait pas confié une tâche, fixé des devoirs, imposé des responsabilités ? Je les remplirai, ces devoirs ; ces responsabilités, je les assume. Je suis la gardienne de cette demeure, et toutes les fois qu'une Mme Rixdal tentera d'y jouer un rôle qui ne lui appartient pas, je lui ferai entendre le même langage, sans colère, mais sans faiblesse !

MONTMORIN.

Admirable ! parfait ! Ainsi, c'est toi, ma fille, c'est toi qui désormais arranges et régentes tout ? Et moi, ton père, je ne suis plus qu'une vieille ganache, dont on méconnaît la volonté ? Pour des lubies, pour des imaginations, tu me brouilles avec mes meilleures amies ? Tu refuses de m'obéir ?

ROLANDE.

Je te respecte et je t'aime. Je t'obéirai toujours pour ce que tu me commanderas de juste et de raisonnable. En toute autre occasion, je n'obéirai qu'à ma conscience.

MONTMORIN.

Comment ta conscience ne t'enjoint-elle pas de te conformer en tout et pour tout à ce qu'ordonne ton père ?

ROLANDE.

Ma conscience m'ordonne de fermer la porte à madame Rixdal et à ses pareilles.

MONTMORIN.

Si je le veux, il en sera autrement.

ROLANDE.

Non.

MONTMORIN.

Tu ne m'obéiras pas ?

ROLANDE.

Sur ce point là, non !

MONTMORIN.

Je saurai t'y forcer.

ROLANDE.

Non, non et non ! Et si tu tiens à ce que des femmes de cette espèce franchissent encore notre seuil, tu n'y parviendras qu'en me chassant...

MONTMORIN.

Eh bien...

ROLANDE.

Ah ! ça, non, tu ne le feras pas, je t'en défie !...

MONTMORIN.

Rolande !

ROLANDE.

Tu es contraint de me supporter et je crois que cela vaut mieux pour toi.

MONTMORIN.

Tiens, retire-toi dans ta chambre, tu me mettrais hors de moi. Je ne sais... Je serais capable... Va-t'en !

ROLANDE.

J'obéis, mon père...

Elle sort par la gauche.

SCÈNE XIII

MONTMORIN, puis JEAN.

MONTMORIN, seul. Il arpente le salon furieusement.

L'insolente ! Eh bien ! nom de Dieu ! Elle est raide, celle-là. Je ne suis plus libre. Je ne suis plus le maître chez moi. Sacré tonnerre de nom de... (Il frappe du poing sur une table.) C'est inouï ! inouï !

JEAN, paraissant au fond.

Monsieur m'appelle ?

MONTMORIN.

Quoi ? Mais non, imbécile, je ne vous appelle pas.

JEAN.

C'est que, comme monsieur vient de s'attraper avec Mlle Rolande, je pensais que peut-être monsieur désirait me voir.

MONTMORIN.

Q'est-ce qui vous prend ? vous êtes fou ?

JEAN.

Monsieur...

MONTMORIN.

Je viens de m'attraper.... Est-ce que vous écoutez aux portes, maintenant ? (Geste de protestation de Jean.) Voulez-vous me foutre le camp ? (Jean disparaît.) Espèce de brute ! (Il souffle et se passe la main sur le front.) Ouf !.... Ah ! sapristi ! C'est tout de même vif, ce qui m'arrive là. Il n'y a pas à dire... Me voilà brouillé avec ma bonne amie, parce que Mlle Rolande s'est mis en tête je ne sais qu'elles idées saugrenues. Au fond, elle a raison. Elle est dans son rôle. Seulement c'est embêtant. (Il déboutonne son pardessus et tire de sa poche des papiers qu'il pose à côté de lui sur un guéridon.) Qu'est-ce que c'est que ça ? Ah ! oui, Béru, bijoutier, 25 000 francs, c'est entendu ! Bigrement chère, Mme Rixdal. En réalité, si nous sommes brouillés, ce sera une fière économie Seulement, avec qui vais-je... (Voyant reparaître Jean.) Encore vous ?

JEAN.

C'est une jeune fille qui demande Monsieur.

MONTMORIN.

Qu'est-ce qu'elle me veut ?

JEAN.

Elle dit qu'elle vient de la part de Mme Mitaine.

MONTMORIN.

Ah ! c'est la petite... (Après une seconde d'hésitation se décidant brusquement.) Eh bien, introduisez-la !

JEAN.

Bien, Monsieur.

Il sort.

MONTMORIN, seul.

Ma foi oui, je veux bien la voir, ça me calmera,

SCÈNE XIV

MONTMORIN, ZIZINE.

ZIZINE, *entrant par le fond. Elle est toute jeune, une gamine, très jolie, costume d'ouvrière pauvre, en cheveux.*

Bonjour, m'sieur.

MONTMORIN, se retournant.

Bonjour, mademoiselle. (A part la considérant.) Oui, elle est gentille. (Haut.) Vous venez de la part de Mme Mitaine?

ZIZINE.

Oui, Monsieur, vous apporter ça. (Elle lui donne un paquet.) Et ça.

Elle lui tend une lettre.

MONTMORIN.

Merci. (Il ouvre la lettre et tout en regardant Zizine par intervalles, il lit.) « Monsieur le comte, sous prétexte de vous faire porter des échantillons d'étoffes, je vous envoie la jeune fille en question. Regardez-la, interrogez-la, et vous me direz demain si vous n'êtes pas charmé de sa figure et de son esprit. Agréez, je vous prie, l'assurance de mes meilleurs sentiments. Eulalie Mitaine. »

ZIZINE.

Il n'y a pas de réponse?

MONTMORIN.

Si, peut-être. Il faut que je réfléchisse. Voulez-vous attendre quelques instants?

ZIZINE.

Certainement.

MONTMORIN, lui désignant un fauteuil.

Eh bien, asseyez-vous là...

Lui-même s'assied devant un guéridon sur lequel il cherche ce qu'il faut pour écrire.

ZIZINE, s'asseyant dans le fauteuil, le regardant.

Oh ! c'est moelleux, on enfonce.

Regardant autour d'elle.

C'est chouette ici !

MONTMORIN, qui avait commencé à écrire, pose sa plume.

Vous trouvez ?

ZIZINE.

Ah ! pour sûr. C'est un peu plus chouette que chez nous !

MONTMORIN.

Oui ?

ZIZINE.

Tiens, chez nous c'est une turne. Ce que je m'y embête ! Tandis que dans un local comme celui-ci je ne m'y embêterais pas.

MONTMORIN.

Vous demeurez avec votre famille ?

ZIZINE.

Avec papa et mon frère Victor.

MONTMORIN.

Et votre mère ?

ZIZINE.

Non, maman, elle mange des pissenlits par la racine. Elle est morte, quand j'étais toute gosse.

MONTMORIN.

Et qu'est-ce qu'il fait, votre père ?

ZIZINE.

Il fait des trucs. Il bibelotte. Trente-six métiers, quarante malheurs ! Il prend ce qu'il trouve. Il aide.

MONTMORIN.

Et votre frère ?

ZIZINE.

Victor ? Comme papa..., un peu de tout. Des fois il est figurant, des fois il est camelot ou garçon coiffeur. Ces temps derniers, il allait coiffer des dames dans le quartier Pigalle, et comme il est beau garçon, ça lui a valu quelques agréments.

MONTMORIN.

Ah ! Ah ! Et vous, mademoiselle... Thérésine, je crois ?

ZIZINE.

Thérésine. Oui, seulement, on ne m'appelle jamais que Zizine. C'est plus gentil. Moi, je suis dentellière. C'est même comme ça que j'ai connu Mme Mitaine.

MONTMORIN.

Ah !

ZIZINE.

Oui. Vous savez qu'elle vend des étoffes, des dentelles...

MONTMORIN.

Si elle ne vendait que ça !

ZIZINE.

Quoi donc encore ?

MONTMORIN.

Tout ce qui s'achète.

ZIZINE.

Ça doit rapporter ! Enfin elle est venue pour un raccommodage dans une maison où je travaillais. Elle m'a vue et elle a prié le patron de lui renvoyer l'ouvrage par moi. Nous avons causé, elle m'a prise en amitié. C'est une bien brave dame qui m'a donné de bons conseils.

MONTMORIN.

Vous m'étonnez !

ZIZINE.

Mais si. Elle m'a demandé mon âge. Quinze ans.

MONTMORIN.

Quinze ans ?

ZIZINE.

Quinze ans passés. Elle m'a demandé si j'étais femme, si j'étais sage. Je lui ai répondu que oui.

MONTMORIN.

Ah ! nous sommes sage ?

ZIZINE.

Parfaitement. Quoique papa prétende que j'ai tous les vices. Je ne dis pas que je n'aime pas à m'amuser... Et puis, je sais les choses... (Riant.) Figurez-vous, que quand j'allais à l'école, chez les sœurs, on m'a fichue à la porte, sous prétexte que je pervertissais les autres... (Haussant les épaules.) Malheur ! En tout cas, ce n'est pas moi qui m'en laisserais conter par le premier venu, et, si on couronnait des rosières à la Villette, je pourrais concourir.

MONTMORIN.

C'est très bien, ça.

ZIZINE.

C'est ce que m'a dit Mme Mitaine. Elle m'a dit : « C'est très bien, Zizine. Tu as une ravissante petite frimousse... » C'est elle qui m'a dit ça.

MONTMORIN.

Elle a eu raison.

ZIZINE.

Vous trouvez ?

MONTMORIN.

Oui.

ZIZINE, sourit, puis reprend.

« Tu as une jolie petite frimousse. Tu es coquette, gourmande, tu as de l'ambition. Tu voudrais être bien nippée, bien logée. Eh bien, ne fais pas de bêtises. Reste comme tu es. Et quand tu trouveras quelqu'un de sérieux, qui te plaira, qui t'aimera bien et qui aura de quoi te rendre heureuse, alors tu pourras y aller ! » Voilà ce que m'a dit Mme Mitaine... Et c'est comme ça que je veux faire.

MONTMORIN.

Ah ! c'est ça que vous appelez de bons conseils ?

ZIZINE.

Qu'est-ce que vous croyiez qu'elle m'aurait dit?

MONTMORIN.

Mais de rester sage et de vous marier?

ZIZINE, railleuse.

Avec un brave ouvrier, comme papa? Merci bien, je sors d'en prendre! Je ne veux pas crever la dèche toute ma vie. Je vaux mieux que ça, allons.

MONTMORIN.

Je ne dis pas le contraire.

ZIZINE.

Je suis ambitieuse, c'est vrai. Je veux m'élever au-dessus de ma condition Et comme pour ça je n'ai qu'un moyen, je le choisirai. Est-ce que j'ai tort?

MONTMORIN.

Mon Dieu... non.

ZIZINE.

Vous voyez bien! Seulement je ne veux pas faire de gaffe. Je ne veux pas me laisser empaumer par un farceur qui me plantera là au bout de quinze jours. Non, il me faut un homme sérieux. Outre ça, je veux quelqu'un qui me plaise. Un type qui me dégoûterait, il aurait beau être riche, je ne pourrais pas.

MONTMORIN.

Ces idées vous honorent. Mais, dites-moi, quand vous aurez trouvé ce qu'il vous faut et que vous aurez cessé de pouvoir concourir au rosiérat, qu'est-ce que dira votre famille?

ACTE DEUXIÈME

ZIZINE.

Papa? Pppouh ! D'abord, je me tirerai des pieds, en laissant un mot d'écrit, comme quoi j'ai trouvé une position, sans donner mon adresse. Papa gueulera dans le quartier, il dira : Je la maudis ! Et il pensera : « Bon débarras! » (Elle se lève, s'approche de Montmorin.) Avec tout ça, je bavarde, et vous n'avez pas écrit votre lettre.

MONTMORIN.

A Mme Mitaine ? Oh! je ne vais pas lui écrire. Vous lui ferez ma commission, voulez-vous ?

ZIZINE.

Qu'est-ce qu'il faudra lui dire ?

MONTMORIN, lui prenant les mains.

Vous lui direz... Écoutez-moi bien. (Il lui tâte les bras.) Eh ! Eh! nous avons de bons petits bras.

ZIZINE.

Oui, je suis potelée. On me l'a dit.

MONTMORIN.

Ah ! qui donc?

ZIZINE.

A l'atelier. Des camarades. Et j'ai pas de faux.

MONTMORIN.

Je m'en aperçois.

ZIZINE, se dégageant et s'éloignant.

Ah ! me tripotez pas comme ça, ça me chatouille Et puis, ça me donnerait des idées.

MONTMORIN, se rapprochant d'elle.

Où serait le mal ?

ZIZINE.

Ah bien ! Il n'y a pas assez longtemps que je vous connais. Voyons, qu'est-ce qu'il faudra que je dise à Mme Mitaine ?

MONTMORIN.

Dites-lui que j'irai demain chez elle... et que nous traiterons l'affaire dont je lui ai parlé... et aussi celle dont elle m'a parlé...

ZIZINE.

L'affaire dont vous lui avez parlé et l'affaire dont elle vous a parlé ?

MONTMORIN.

C'est ça. Vous pourrez lui dire aussi que vous me plaisez beaucoup, mamzelle Zizine.

ZIZINE.

Vraiment ?

MONTMORIN.

Oui. Et moi, est-ce que je vous déplais ?

ZIZINE.

Je vous ai déjà dit que je ne vous connaissais pas depuis assez longtemps pour vous répondre là-dessus. Adieu, monsieur.

MONTMORIN.

Au revoir ?

ZIZINE, à la porte.

Vous croyez que nous nous reverrons ?

MONTMORIN.

Je l'espère.

ZIZINE.

Eh bien, au revoir... Au revoir!

Elle sort.

MONTMORIN, seul.

Elle est très drôle! très drôle! (Il va à la cheminée, y prend un cigare, l'allume et va s'asseoir sur le canapé en disant:) Ma foi, tant pis! C'est Rolande qui l'aura voulu!

Rideau.

ACTE TROISIÈME

La scène représente une espèce de salle à manger donnant à première vue l'impression d'un appartement qui se loue meublé. Portes au fond, à droite, à gauche. Chaises, canapé. Au milieu du théâtre une table sur laquelle un lunch est servi.

SCÈNE PREMIÈRE

Au lever du rideau, la scène est vide. On entend une clef tourner dans la serrure de la porte du fond. Cette porte s'ouvre et Mme MITAINE, puis PUTOIS et VICTOR, entrent.

Mme MITAINE, entrant.

Entrez, vous autres. Allons, Putois, allons Victor.

PUTOIS.

Voilà, voilà. Où que sommes-nous ici?

Mme MITAINE.

Nous sommes dans l'appartement meublé que j'ai fait louer au sire de Montmorin pour y amener notre Zizine.

VICTOR.

Et pour y prendre l'honneur.

ACTE TROISIÈME

Mme MITAINE.

Tu l'as dit, beau jeune homme. Je viens avant eux pour jeter un dernier coup d'œil. Et puis il faut que vous connaissiez les êtres. Voyons, tout est-il prêt ? Ici, une légère collation... Y a-t-il du feu dans la chambre à coucher ? (Elle va ouvrir la porte de gauche.) Oui. (Elle referme.) Ça va bien. (Revenant.) Vous voyez la disposition du local. On entre tout de gô dans cette pièce. Il y a une autre sortie par ici. Mais nous la condamnerons tout à l'heure. (Montrant la porte de gauche.) Là, c'est la chambre à coucher.

PUTOIS.

Le théâtre du crime !

Mme MITAINE.

Elle n'a pas d'autre porte. C'est là que vous dénicherez les oiseaux. (A Victor.) Ah ! ça, qu'est-ce que tu as donc, toi, mon neveu, à tourner autour de la table ?

VICTOR.

Tiens, je vois des liqueurs. J'avalerais bien un verre de quéque chose.

Mme MITAINE.

Oui, que je te voie ! Pour qu'on s'aperçoive qu'il est venu des poivrots.

VICTOR.

Vous ne les attendez donc pas ?

Mme MITAINE.

Si.

VICTOR.

Eh bien, ça pourrait être vous qu'auriez eu soif et qu'auriez bu ?

5.

Mme MITAINE.

Tu ne me connais pas, mon garçon. Mais mes clients, qui me connaissent, savent que je ne prends jamais rien entre mes repas, rapport à ma gastralgie. Ainsi, à bas les pattes !

PUTOIS.

Ta tante a raison, Victor. Faut pas compromettre l'affaire pour une goutte de pétrole.

VICTOR.

C'est bon. On aura la pépie.

Mme MITAINE.

Allons, asseyez-vous et parlons peu, mais bien. (Elle tire sa montre.) Du reste, ils ne seront pas ici avant une bonne heure.

PUTOIS.

Tu es sûre ?

Mme MITAINE.

Sûre. J'ai donné l'heure à Zizine et elle sait qu'elle ne doit pas la devancer. Nous avons le temps. Voyons, récapitulons. Il y a quelques mois, vous êtes venus me trouver. Il y avait bien quelque chose comme dix ans que je n'avais entendu parler de vous.

PUTOIS.

Qué que tu veux ! On se perd de vue. Et puis j'aime pas être importun. Mais nous étions dans une dèche carabinée. Il n'y avait plus moyen de faire bouillir la marmite...

Mme MITAINE.

Malgré celle à Victor ?

ACTE TROISIÈME

VICTOR.

A n'casque pus. J'crois qu'a me trompe, ma parole d'honneur.

PUTOIS.

Alors je me suis rappelé que j'avais une sœur, une sœur bien-aimée, Mme Mitaine, née Putois, qui avait dû faire fortune dans la traite des blanches.

Mme MITAINE.

Oh !... des blanches... J'en ai eu de toutes les couleurs.

VICTOR.

Une riche partie, le commerce des peaux, ça va toujours!

PUTOIS.

Je t'ai demandé de l'argent...

Mme MITAINE.

Naturellement, j'ai refusé de te donner un sou.

PUTOIS.

Je t'ai dit : Fais-nous en gagner, nous ne demandons qu'à turbiner !...

Mme MITAINE.

Et je vous ai répondu : Vous êtes bien trop feignants. Alors tu m'as dit : « Y a la petite, tâche de la brocanter un bon prix. Y a assez longtemps que je la nourris. C'est à son tour de sustenter son vieux père. » Ça m'a paru juste. J'ai demandé à voir Zizine. Je l'ai trouvée gentille et pleine de bonnes dispositions. Je vous ai dit : « Je m'en charge, » et je lui ai fait faire la connaissance du Montmorin.

PUTOIS.

Et maintenant elle le tient ?

Mᵐᵉ MITAINE.

Ah ! Et par le bon bout, je t'en réponds.

VICTOR.

Et ça sera une bonne affaire ?

Mᵐᵉ MITAINE.

Ça sera une bonne affaire.

PUTOIS.

Il est calé ?

Mᵐᵉ MITAINE.

Euh ! Euh ! Il serait plutôt gêné...

PUTOIS et VICTOR, surpris.

Ah ?

Mᵐᵉ MITAINE.

Il m'a déjà emprunté de l'argent. Oh ! sur de bonnes garanties et à des intérêts un peu soignés. Mais soyez calmes, il a du crédit, une situation officielle. Quand il faudra qu'il casque, il trouvera de la galette.

PUTOIS.

C'est drôle. Toi qui as de si belles relations, pourquoi vas-tu choisir un pante qui est mal dans ses affaires, comme celui-là, au lieu de prendre un de ces richards solides, qui peuvent dépenser sans compter ?...

Mᵐᵉ MITAINE.

Je vais te le dire. Tu n'es pas du métier, il y a des choses que tu ne sais pas. Il ne faut pas croire que Zizine soit d'un placement plus facile et qu'on va se l'arracher, parce que c'est une jeunesse encore neuve. Ah! bien ouiche! Les hommes sont encore plus bêtes que salauds. Les trois quarts des viveurs préfèrent les vieilles catins, des femmes qui ont roulé avec trois générations, mais qui sont connues, cotées, et dont on parle dans les échos des journaux chics. Il y a des imbéciles qui couvriront d'or une vieille garde archi-usée, parce qu'un demi-siècle auparavant elle aura été la maîtresse d'un prince, et ils ne ficheraient pas vingt francs de la fraîcheur de Zizine. C'est du crétinisme, mais c'est comme ça. Aussi, pour bien placer Zizine, pour que l'affaire fût bonne, il fallait un véritable amateur, un connaisseur, un homme ayant pratiqué la femme et l'aimant, un Montmorin. Voilà pourquoi je l'ai choisi. Il nous fallait un homme comme ça, capable de s'emballer, de perdre la tête...

VICTOR.

Et Zizine la lui a fait perdre, à celui-là?

Mme MITAINE.

Ah! je t'en réponds. Elle est adorable, cette môme là! L'autre croyait triompher en deux temps et trois mouvements. Mais je t'en fiche! voilà un mois que ma Zizine le fait poser et le promène, et le trimballe. Il est dans un état! Elle l'a chauffé au rouge blanc. Il serait même imprudent de le laisser cuire davantage : il éclaterait. Aussi le grand jour est arrivé. Zizine va l'accompagner ici et s'abandonner à ses transports.

PUTOIS.

Ah! elle est mariole, la petite.

Mme MITAINE.

Oui, oui, elle ira loin.

VICTOR.

Bien entendu, le Montmorin ne sait pas que tu es sa tante, à Zizine ?

Mme MITAINE.

Bien sûr que non, bêta. Il ne s'en doute même pas. Zizine lui a collé toutes sortes de craques. Quand je te dis que c'est un ange ! Maintenant, c'est pas tout ça. Qu'est-ce que vous allez faire, vous autres ?

PUTOIS.

Comment, ce que nous allons faire ? Ce qui est convenu.

Mme MITAINE.

Mais quoi encore ?

PUTOIS.

Eh bien, nous allons nous installer chez le *bistro* en face...

VICTOR.

Pas dommage que je pourrai me rafraîchir !

PUTOIS.

Nous les guettons. Ils arrivent. Ils montent. Nous leur laissons le temps moral. Et puis nous aboulons, nous faisons un potin de tous les diables, et nous forçons le pante à nous signer des billets.

VICTOR.

Je les ai tout prêts dans ma poche.

PUTOIS.

C'est bien simple.

Mme MITAINE.

Oui ? Ah ! comment sont-ils libellés, tes billets ?

VICTOR.

Comme vous nous avez dit. Tenez.
Il lui donne un billet.

Mme MITAINE, le lisant.

Euh ! euh... euh... *Valeur reçue en espèces.* C'est ça. De cette façon, comme j'ai prêté de l'argent au Montmorin, Putois pourra dire, en cas de besoin, qu'il a servi d'intermédiaire entre lui et moi, et que c'est de cet argent-là qu'il s'agit. C'est bien. (Elle rend le billet à Victor.) Maintenant, vous vous imaginez qu'il signera ?

VICTOR.

Tiens, c'te blague !

Mme MITAINE, froidement.

Eh bien, moi, j'ai comme une idée que M. de Montmorin prendra Putois par le cou, Victor par la peau du dos, vous fichera tous les deux dans l'escalier et s'en ira tranquillement, laissant Zizine avec son honneur, ce qui ne fera pas votre affaire.

VICTOR.

Oh ! la, la ! Si i fait le récalcitrant...

PUTOIS.

Fais donc pas le crâne, toi. T'es lâche comme une fouine ! Si on se cogne, tu t'esbigneras.

VICTOR.

Mon Dieu ! j'aime mieux taper sur des femmes que sur des hommes, c'est clair.

PUTOIS.

Alors, ferme ça. (A Mme Mitaine.) Voyons, explique toi. Qué que veux tu dire ?

Mme MITAINE.

Je dis que vous êtes des serins et que vous ne savez pas vous arranger. Heureusement, je suis là et je pense à tout. Je vous ai ménagé une surprise. Voyez-vous, mes petits amours, pour réussir dans les affaires délicates il faut toujours avoir avec soi la loi, l'autorité, la justice !

PUTOIS.

La loi ?

VICTOR.

La justice ?

PUTOIS.

Comment ?

Mme MITAINE.

J'attends quelqu'un qui va vous apporter tout ça. Écoutez.

Bruit de pas au dehors.

PUTOIS.

On vient. Si c'était eux ?

Mme MITAINE, *regardant sa montre.*

Non, non. Ça doit être mon homme.... (On frappe trois coups à la porte du fond.) C'est lui.

Elle va ouvrir, Rabassol paraît.

SCÈNE II

Les Mêmes, RABASSOL.

RABASSOL.

Je ne suis pas en retard?

Mᵐᵉ MITAINE.

Vous êtes l'exactitude même.
Ils descendent.

PUTOIS, à Victor.

Qu'est-ce que c'est que celui-là?

Mᵐᵉ MITAINE, faisant les présentations.

Mon frère, Joseph Putois... mon neveu, Victor Putois, dit : la Saucisse....

RABASSOL.

Enchanté, messieurs, enchanté...

Mᵐᵉ MITAINE, continuant.

M. Rabassol... inspecteur du service des mœurs.

PUTOIS et VICTOR.

Un roussin !

Mᵐᵉ MITAINE.

Hein? mes fistons, qu'est-ce que vous dites de ça? vous êtes un peu épatés. Toi, Putois, qui disais tout à l'heure que j'ai de belles connaissances, tu ne croyais pas si bien dire, pas vrai ? Ah ! dame, quand on exerce notre métier, si on n'avait pas des amis dans l'administration, on serait exposé à bien des ennuis. Aussi me suis-je appliquée à me concilier les bonnes grâces de ces messieurs en général et celles de M. Rabassol en particulier.

RABASSOL

De mon côté, Mᵐᵉ Mitaine, je n'ai jamais eu qu'à me louer de nos relations. Vous m'avez procuré bien des agréments.

Mᵐᵉ MITAINE.

C'était la moindre des choses. Vous avez eu pour moi des complaisances sans nombre. Vous m'avez prêté assistance en mainte occasion. Aujourd'hui encore, vous allez nous aider.

RABASSOL.

Je suis venu pour ça.

PUTOIS.

Monsieur est au courant ?

Mᵐᵉ MITAINE.

Oui, oui.

RABASSOL.

Ces messieurs et moi, nous allons nous entendre et nous distribuer les rôles. Je jouerai le mien en conscience.

Mme MITAINE.

J'en suis bien sûre. Je vous ai vu à l'œuvre. Vous allez chez le marchand de vin en face ?

VICTOR.

Parbleu !

Mme MITAINE.

De sa boutique, on voit la fenêtre de la chambre à coucher. Les rideaux sont ouverts. En y allant, Zizine les fermera. Vous vous en apercevrez bien. Ce sera le signal qui vous indiquera qu'il sera temps de monter. Vous avez compris?

RABASSOL.

Parfaitement.

Mme MITAINE.

C'est bien. Le vieux pigeon et la tendre colombe ne vont pas tarder. Je les attends. En m'en allant je mettrai la clef chez le concierge où vous la prendrez. Allons, houste. (Ouvrant la porte droite.) Par ici.

PUTOIS.

Au revoir.

Mme MITAINE

Au revoir... et bonne chance. Écoutez bien les instructions de M. Rabassol.

VICTOR, de dehors.

Oui, oui.

Mme MITAINE, seule.

Maintenant cette porte-là... (Elle la ferme et met la clef dans sa poche.) Je la supprime. (Elle revient vers le milieu de la scène, réfléchissant et se dit :) Je ferais peut-être bien, pour rester à l'abri de tout soupçon, de manifester au sire de Montmorin quelques inquiétudes. Seulement il faudrait que je sois sûre qu'il ne tiendra aucun compte de mes avertissements... Zizine m'édifiera là-dessus. (Un silence. Elle relève la tête comme quelqu'un qui écoute et dit :) Les voici!

SCÈNE III

M⁰⁰ MITAINE, MONTMORIN, ZIZINE.

Une clef tourne dans la serrure de la porte du fond. La porte s'ouvre. Montmorin paraît sur le seuil.

MONTMORIN.

C'est vous, Mme Mitaine ?

M⁰⁰ MITAINE, se retournant.

Moi-même, monsieur le comte. Seul ?

MONTMORIN.

Non, non, la petite est là. (*Se retournant vers le dehors.*) Entre.

Zizine paraît.

ZIZINE.

Oh ! Il y a quelqu'un....

MONTMORIN.

N'aie pas peur. C'est Mme Mitaine.

ZIZINE, s'avançant.

Ah ! Bonjour, M⁰⁰ Mitaine.

M⁰⁰ MITAINE.

Bonjour, Zizine. Eh bien, ma petite, tu t'es décidée à suivre mes conseils ? Je te l'ai assez dit : Prends monsieur le comte de Montmorin, c'est l'homme qu'il te faut. Tu as fini par comprendre qu' j'avais raison ?

ACTE TROISIÈME

ZIZINE.

Oui, Mme Mitaine.

Mme MITAINE.

A la bonne heure. (A Montmorin.) Vous voyez, monsieur le comte, je ne le lui fais pas dire. Depuis un mois, je n'ai pas cessé de lui corner votre éloge aux oreilles.

MONTMORIN.

Croyez, Mme Mitaine, que je vous en suis profondément reconnaissant.

Il descend et va déposer sa canne et son chapeau, à droite sur le devant du théâtre. Zizine, elle, va déposer son chapeau et son manteau sur une table qui est placée à gauche. Mme Mitaine s'approche d'elle à reculons. Zizine tourne le dos au public, Mme Mitaine lui fait face. Elles se parlent sans se regarder.

Mme MITAINE, bas à Zizine.

Dis donc, Zizine...

ZIZINE.

Quoi ?

Mme MITAINE.

Tu le tiens solidement ?

ZIZINE.

Un peu, ma tante !

Mme MITAINE.

Rien ne le ferait renoncer ?..

ZIZINE.

Crois pas !

Mme MITAINE

Bon ! (Elle redescend vers le comte. Zizine reste à gauche Montmorin se retourne et remonte vers Mme Mitaine qui le prend par le bras pour le faire redescendre et lui dit tout bas :) Dites-moi, monsieur le comte..

MONTMORIN.

Qu'y a-t-il ?

Mme MITAINE.

Je me demande si nous ne sommes pas imprudents.

MONTMORIN.

Comment ça ?

Mme MITAINE.

Zizine est bien jeune...

MONTMORIN.

Elle a quinze ans passés ! D'ailleurs que craignez-vous ?

Mme MITAINE.

Eh ! sa famille, son père, son frère.

MONTMORIN.

Bah ! Vous m'avez dit vous-même qu'ils se souciaient fort peu d'elle.

Mme MITAINE.

Qui sait ? En temps ordinaire, peut-être. Mais, depuis un mois, les allées et venues de Zizine, ses absences, ses allures ont pu éveiller leurs soupçons. Ce sont des bohèmes, mais ce sont d'honnêtes gens. S'ils se doutaient de quelque chose, ça pourrait être grave.

MONTMORIN.

Il vous prend des scrupules au dernier moment ? Je ne vous reconnais plus. Que me conseilleriez-vous donc ?

Mme MITAINE.

Peut-être serait-il plus sage de renoncer...

MONTMORIN.

A Zizine ? Jamais de la vie ! Mais vous ne savez donc pas que j'en suis fou, de cette petite ? Jamais femme ne m'a inspiré des désirs aussi vifs. Voyons, vous avez peur qu'il n'arrive quelque chose et de vous trouver compromise ?

Mme MITAINE.

Dame, je vous avoue qu'en y réfléchissant, je suis médiocrement rassurée.

MONTMORIN.

Eh bien ! Rassurez-vous, Mme Mitaine. Vous mettrez vos inquiétudes et vos scrupules sur la note et il n'arrivera rien. Maintenant, s'il arrive quoi que ce soit, je ne parlerai pas de vous, je vous en donne ma parole d'honneur.

Mme MITAINE.

Monsieur le comte me tranquillise. D'ailleurs, du moment que Monsieur le comte est fou de cette jeune fille... on ne raisonne pas avec la passion.

ZIZINE, qui pendant ce dialogue est restée à gauche rangeant ses affaires sur la table, puis arrangeant sa coiffure, se retourne et dit.

Ah ! ça, vous n'avez pas bientôt fini de jaspiner ?

MONTMORIN, riant.

Mme Mitaine, Zizine vous avertit que vous êtes de trop.

Mme MITAINE.

Je me retire. (Sur le seuil de la porte du fond.) Amusez-vous bien !

Elle sort.

SCÈNE IV

MONTMORIN, ZIZINE.

MONTMORIN.

Nous tâcherons. N'est-ce pas, Zizine ?

ZIZINE.

De quoi faire ?

MONTMORIN.

Mais de ne pas trop nous ennuyer.

ZIZINE.

Ça, ça vous regarde. Moi, je fais ce que vous voulez. Pourvu qu'il ne nous arrive rien !

MONTMORIN, impatienté.

Encore ? Toi aussi ? Et que veux-tu qu'il nous arrive ?

ZIZINE.

Est-ce que je sais, moi ? C'est de mes parents que j'ai le trac. J'ai peur d'avoir été suivie par Victor. Et ce ne serait pas la première fois.

MONTMORIN, fronçant les sourcils.

Tu crois ?

ZIZINE.

Peut-être que je me trompe. Après ça, vous me direz, jusqu'ici nous n'avons pas fait de mal.

MONTMORIN.

Non. M'as-tu fait assez poser, méchante gamine ?

ACTE TROISIÈME

ZIZINE.

Mais aujourd'hui, ça ne se passera peut-être pas aussi sagement que les autres fois.

MONTMORIN.

On ne sait pas ! (Allant vers la table.) Voyons, mademoiselle Zizine, voulez-vous manger quelque chose ? Grignoter des gâteaux ? Boire un doigt de vin ?

ZIZINE.

Merci, non, je n'ai ni faim ni soif. (A part.) Faut pas que je les fasse languir, les autres.

MONTMORIN.

Tu n'as pas faim ?

ZIZINE.

Non ; j'aurais plutôt envie de dormir.

MONTMORIN.

De dormir !

ZIZINE, riant.

De m'allonger, si vous aimez mieux.

MONTMORIN.

Oui, j'aime mieux ça. (Il l'embrasse.) Eh bien, mademoiselle Zizine, vous savez où est la chambre à coucher...

ZIZINE, montrant la porte de gauche.

Oui, elle est là. J'y vais. (Elle ouvre la porte. Arrêtant Montmorin qui fait mine de la suivre.) Restez là. Je vous préviendrai.

MONTMORIN.

Dépêche-toi.

Zizine sort par la gauche.

SCÈNE V

MONTMORIN, seul.

Je ne sais pas comment elle s'y est prise, cette petite mâtine là, elle m'a absolument ensorcelé. (Il regarde autour de lui.) Voyons, enfermons-nous. Un appartement indiqué par M⁻ᵉ Mitaine, on doit y être en sûreté. Mais enfin... (En parlant ainsi il est allé à la porte d'entrée, et il l'a fermée à double tour). Là. (Il redescend, va à la table, prend une bouteille, remplit un verre et boit ; puis il attend, prêtant l'oreille. Il fait le tour de la pièce en regardant les chromolithographies accrochées au mur. Enfin, il se dirige vers la porte de la chambre à coucher et dit :) Eh bien ?

LA VOIX DE ZIZINE, dans la chambre.

Oui, oui, attendez. Là. Ça y est !

MONTMORIN.

Enfin ! (Il ouvre la porte et entre ; sur le seuil il se retourne et dit :) Tiens ! il n'y a pas de verrou...

LA VOIX DE ZIZINE.

Qu'est-ce que ça fait ?

MONTMORIN.

Oh ! rien.

Il ferme la porte.

La scène reste vide quelques instants, puis la porte d'entrée s'ouvre doucement, et :

SCÈNE VI

PUTOIS, VICTOR et RABASSOL entrent par le fond. Toutes les répliques sont échangées à voix très basse.

PUTOIS.

Les rideaux ont été fermés. Ils sont-là.
Il désigne la chambre à coucher.

VICTOR.

Oui.

RABASSOL.

Il s'agit de les pincer au bon moment. *Flagrante delicto.*

PUTOIS, à Victor.

Qu'est-ce qu'i dit ?
Rabassol s'approche de la porte de la chambre à coucher.

PUTOIS.

Eh bien, entrons-nous ?

RABASSOL.

Attendez ! Oui, je crois que nous pouvons marcher. (Il revient à Putois.) Ah ! Elle va bien, votre demoiselle.

VICTOR.

A'n'demande qu'à travailler.

RABASSOL, à Victor.

Vous restez ici, vous, jeune homme ?

VICTOR.

Oui, je crois que c'est plus convenable.

RABASSOL, à Putois.

Eh bien ! Nous, vivement, une, deux, trois !
Ils ouvrent brusquement la porte.

ZIZINE, dans la chambre.

Ah !

MONTMORIN, de même.

Qui va là ?

PUTOIS, de même.

Mon enfant ! Le misérable !

La porte se referme. On n'entend plus que des exclamations confuses.

VICTOR, resté seul en scène, comme indifférent à ce qui se passe, s'approche de la table et se verse un verre de liqueur. Puis il fredonne :

Petits enfants, ô doux êtres bénis,
Cueillez les fleurs, mais épargnez les nids !

Il avale son verre.
Mais épargnez les nids !
Il repose son verre. La porte se rouvre.

SCÈNE VII

VICTOR, RABASSOL, PUTOIS, MONTMORIN, ZIZINE.

Putois paraît le premier tenant par le poignet et traînant Zizine qui a changé de costume et revêtu un déshabillé. Ils sont suivis par Montmorin. Rabassol, grave, ferme la marche.

MONTMORIN.

Voyons, qu'est-ce que vous me voulez ?

ACTE TROISIÈME

PUTOIS.

On va te le dire, canaille !

Mouvement de Montmorin.

ZIZINE, pleurnichant.

Je vous l'avais bien dit, qu'on nous avait suivis.

PUTOIS.

Silence, gourgandine ! (La montrant à Victor.) Tiens ! Victor, je te confie ta sœur, tiens la en respect !

VICTOR, allant à Zizine.

Reste-là. Et si tu bouges !

Il fait un geste de menace, Zizine protège sa figure avec son bras.

MONTMORIN.

Ne vous avisez pas de maltraiter cette jeune fille !

PUTOIS.

Ah ! pas de menaces. Causons.

MONTMORIN.

Je n'ai pas à causer avec vous. Je suis ici chez moi. Vous vous y êtes introduits sans ma permission. Je vais vous flanquer à la porte.

PUTOIS.

Tous les trois ?

MONTMORIN.

Oh ! mon Dieu, oui. L'un après l'autre ou tous les trois ensemble, à votre choix. Voulez-vous décamper ?

RABASSOL, très poli.

Je ne vous conseille pas, monsieur le comte, de recourir à la violence. Vous pourriez vous en repentir,

MONTMORIN.

Qui êtes vous, vous ?

RABASSOL, lui remettant une carte.

Voici qui vous en instruira.

MONTMORIN, lisant.

Rabassol, insp... Ah! vous seriez ?...

RABASSOL.

Mon Dieu, oui, monsieur le comte.

MONTMORIN.

Qui me le prouve ?

RABASSOL, lui donnant d'autres papiers.

Voici d'autres papiers qui vous édifieront sur mon identité.

MONTMORIN, à part.

Le fait est qu'il en a bien l'air. (Il jette un coup d'œil sur les papiers, devient soucieux, et avec un changement de ton dit :) Enfin que me veut-on ?

PUTOIS.

Ce qu'on vous veut ? Oh! c'est bien simple. Vous avez déshonoré mes cheveux gris ! Vous avez attenté à la pudeur de ma pauvre Thérésine, un agneau sans tache ! Ça se paye, tout ça !

MONTMORIN, comprenant.

Ah! ça se paye ?

PUTOIS.

Pour sûr et plus cher qu'au marché ! Je ne vous

en tiendrai pas quitte à moins de soixante mille francs.

MONTMORIN.

Vraiment ?

PUTOIS.

Je n'en rabattrai pas un centime.

MONTMORIN, éclatant de rire.

Eh bien, mon brave homme, si vous avez compté vous en aller d'ici avec soixante mille francs donnés par moi, vous vous êtes étrangement leurré. Soixante mille francs ? D'abord, je ne les ai pas.

PUTOIS.

Oh! vous me ferez des billets. J'accepte votre signature.

MONTMORIN.

Vous êtes trop bon. Mais, en valeurs ou en espèces, je ne vous les donnerai pas. Père vertueux et indigné, vous voulez me faire chanter?

PUTOIS.

Je veux que vous répariez vos torts.

MONTMORIN.

Eh bien, moi, je vous envoie promener! Est-ce clair ?

PUTOIS, menaçant.

Ah! c'est comme ça? En ce cas, je vous enverrai ailleurs. (A Rabassol.) Faites donc votre devoir, vous, vous restez là sans grouiller...

RABASSOL, sèchement.

Je sais ce que j'ai à faire. Il est inutile de proférer des menaces. Faites-moi le plaisir d'aller là-bas voir si j'y suis.

PUTOIS, grommelant.

C'est bon ! C'est bon !

Il se retire auprès de Victor et de Zizine, à laquelle il fait semblant d'adresser des reproches en lui montrant le poing de temps à autre. Victor a roulé une cigarette et la fume tranquillement.

RABASSOL, à Montmorin.

Voulez-vous me permettre de vous dire quelques mots ?

MONTMORIN.

Soit !

RABASSOL.

Monsieur le comte, vous ne me paraissez pas vous faire une idée bien juste de la situation. Vous êtes dans une mauvaise passe.

MONTMORIN.

Je suis tombé dans un traquenard !

RABASSOL.

C'est bien possible. Mais qu'importe ? Cet homme est venu à la préfecture se plaindre disant, que vous débauchiez sa fille et qu'on la trouverait ici avec vous. M. le Préfet de police m'a chargé d'aller avec Putois et son fils vous surprendre. Nous vous avons surpris. Ah ! il est difficile de surprendre davantage un homme. Je suis forcé de faire un rapport et d'y consigner ce que j'ai vu. C'est assez coquet. La petite a quatorze ans à peine.

MONTMORIN.

Je la croyais plus âgée.

RABASSOL.

On dit toujours ça. Je ne mets pas votre bonne

foi en doute, mais on ne vous croira pas. Le délit n'est pas niable, allez. Vous avez détourné la demoiselle, et elle est archi-mineure.

MONTMORIN.

Détournée ! Elle est rouée comme potence.

RABASSOL.

Ça ne fait rien. Songez donc au procès ! Quand on vous acquitterait, vous seriez bien avancé, après un scandale pareil. Maintenant l'administration ne demandera pas mieux que de laisser dormir mon rapport. Seulement, il faut que Putois y consente, on ne peut pas l'y obliger. Si nous tenions l'histoire secrète, il irait la colporter dans les journaux et demain tout Paris la saurait. Bref, il faut que vous vous arrangiez avec lui. Conclusion : Il vous demande soixante mille francs, donnez-les lui.

MONTMORIN.

Jamais !

RABASSOL.

Vous avez tort.

MONTMORIN.

Non, vous dis-je ! Je suis directeur des travaux au Ministère des colonies, commandeur de la Légion d'honneur. Le gouvernement ne permettra pas que l'affaire ait des suites.

RABASSOL.

Savoir ! On vous débine beaucoup au Ministère et dans la presse. M. le Préfet de police en m'envoyant ici m'a dit : « Rabassol, faites attention ! Il s'agit d'un gros bonnet, tâchez de procéder avec tact et d'arranger les choses, si faire se peut. » Puis il a ajouté, comme se parlant à lui-même : « Après ça, le gouvernement ne serait peut-être pas fâché d'avoir un prétexte pour se débarrasser de M. de Montmorin. » Je vous répète ce que j'ai entendu.

MONTMORIN, baissant la tête, à lui-même.

Il a raison, qui sait ? (Haut.) Eh bien... (Résolument.) Non ! On n'obtiendra rien de moi à l'aide d'un guet-apens. Faites votre rapport.

RABASSOL, froidement.

Je le ferai dans tous les cas. Mais, du moment que vous ne voulez pas transiger avec ces gens-là, (Élevant la voix :) je vais être obligé de vous prier de me suivre.

MONTMORIN.

De vous suivre, moi ?

RABASSOL.

Dame !

PUTOIS, redescendant.

Il refuse ?

RABASSOL

Mon Dieu, oui.

PUTOIS.

Ah ! bien, c'est bon. Ah ! il refuse ? Monsieur abreuve mes vieux jours de honte et d'amertume et il ne veut pas me donner un dédommagement ? Eh bien, nous allons voir. Il en mangera, de la prison.

ZIZINE.

Oh ! ce pauvre monsieur !

PUTOIS, revenant vers elle.

Et toi, petite gueuse, je te fourrerai dans une maison de correction jusqu'à vingt ans.

ZIZINE, avec une épouvante jouée.

Ah! papa! vous ne ferez pas ça.

PUTOIS.

Non, je me gênerai !

ZIZINE, éplorée.

Ah! mon Dieu, moi, dans une *correction*, jusqu'à vingt ans... mais c'est affreux, mais c'est horrible... (A Montmorin.) Monsieur, Monsieur... empêchez ça... J'en deviendrai folle.. Monsieur...

MONTMORIN, bouleversé.

Voyons, me la laissera-t-on, si je consens?

RABASSOL.

Ah! c'est à vous à faire vos conditions... Mais, c'est là un arrangement auquel je préfère ne pas assister. Je vais prendre l'air sur le palier. (Bas à Putois en s'en allant.) Chaud! Chaud!

Il sort.

MONTMORIN, le regardant sortir.

Canaille et compagnie! (A Putois): Alors, vous me la laisserez?

PUTOIS.

Dam! vous l'avez prise, vous la garderez si vous voulez.

MONTMORIN.

Eh bien, donnez-moi de quoi écrire. Finissons.

Putois regarde autour de lui.

VICTOR.

Sur la cheminée, là-bas.

Il va à la cheminée sur laquelle se trouvent une plume et un encrier. Il les prend et les apporte sur la table.

PUTOIS.

Donne les billets Victor.

Montmorin s'est assis devant la table.

VICTOR, *tirant les billets de sa poche et les donnant à Montmorin.*

Voilà.

MONTMORIN.

Ah ! vous aviez apporté des billets tout préparés ? Vous êtes des gens de précaution !

PUTOIS.

J'étais sûr que nous arriverions à nous entendre.

MONTMORIN, *signe rapidement et repousse les billets.*

Tenez ! (*Victor les empoche. Montmorin se lève.*) Maintenant, tournez-moi les talons.

PUTOIS.

Viens, Victor, nous n'avons plus rien à faire ici.

ZIZINE.

Moi, je reste ?

PUTOIS.

Toi, tu n'es plus digne de franchir le seuil d'un honnête homme. Fais ce que tu voudras. Je te maudis !

ZIZINE.

Bonjour, papa.

VICTOR.

Tiens, v'là la clef que nous avions pigée chez la clos-porte.

Il la lui lance, elle l'attrape au vol.

ZIZINE.

Merci.

Putois et Victor sortent.

SCÈNE VIII

MONTMORIN, ZIZINE.

Aussitôt que son père et son frère sont sortis, Zizine referme la porte à clef derrière eux.

ZIZINE.

Maintenant, on ne viendra plus nous déranger. (Elle se retourne et voit Montmorin assis dans un fauteuil, l'air sombre.) A quoi penses-tu?

MONTMORIN.

Je pense... je pense... que je suis la dupe d'une collection de gredins.

ZIZINE.

Tu m'as ! Tu appelles ça être dupe?

MONTMORIN.

Avec ça que tu n'en étais pas, du complot?

ZIZINE.

Moi? Pas le moins du monde.

MONTMORIN, railleur.

Ta parole ?

ZIZINE.

Je te le jure sur les cendres de ma mère ! Voyons c'est pas tout ça, ça creuse les émotions. Si nous mangions un peu ?

MONTMORIN.

Mange si tu veux. Je n'ai pas faim.

6.

ZIZINE, s'attablant.

Tu ne viens pas me tenir compagnie? Tu boudes? Allons, allons. Est-ce que tu les regrettes tes soixan- mille francs...

MONTMORIN, brusquement, se levant.

Ah! Tiens! Ma foi non, je ne les regrette pas! (Il va s'asseoir à la table, tend son verre.) Donne-moi à boire.

ZIZINE.

A la bonne heure. A ta santé !

MONTMORIN.

A la tienne !

Rideau.

ACTE QUATRIÈME

PREMIER TABLEAU

Un salon analogue à celui du deuxième acte. Ce sont les mêmes meubles, mais ce n'est pas la même pièce. A droite, le meuble dans lequel Rolande a serré un revolver. Portes au fond et à gauche.

SCÈNE PREMIERE

ROLANDE, ÉTIENNE.

Au lever du rideau, Rolande assise devant un petit bureau, examine et classe des papiers, des factures. Étienne entre par le fond. Elle se lève et va à lui.

ROLANDE.

Eh bien ? Toujours rien ?

ÉTIENNE.

Rien encore.

ROLANDE.

Où peut-il être ?

ÉTIENNE.

Impossible de retrouver la moindre trace de M. de Montmorin. Après son brusque départ, je me suis mis en campagne, j'ai fait des recherches. Tout ce que j'ai découvert, vous le savez, c'est qu'il avait loué, depuis assez longtemps, rue de Chabrol, un appartement. Il a habité là avec une jeune personne...

ROLANDE.

Une nouvelle passion!

ÉTIENNE.

Mais il a quitté cet appartement à la même époque où il disparaissait d'ici. Au ministère, on ne sait rien. Votre père a demandé un congé et il est parti sans dire où il allait. Là, d'ailleurs, je ne veux pas insister, éveiller le soupçon d'une fuite ou d'une fugue. On y a de graves sujets de mécontentement contre M de Montmorin; des billets faits par lui ont été présentés et sont demeurés impayés pour cette fâcheuse raison que ses appointements doivent être versés pendant trois années à je ne sais quelle usurière, nommée Mme Mitaine.

ROLANDE.

Seigneur Dieu!

ÉTIENNE.

Je suis allé chez des amis de votre père. Il n'en a vu aucun, ne s'est confié à aucun d'eux. Personne ne sait rien. C'est une véritable disparition.

ROLANDE.

Une désertion!

ÉTIENNE.

Croyez-vous? Je me suis demandé quelquefois s'il ne lui est pas arrivé malheur.

ROLANDE, secouant la tête.

Non! Je me le suis demandé aussi. Mais il y a quelqu'un qui, certainement, sait où mon père se cache.

ÉTIENNE.

Qui cela ?

ROLANDE.

Jean, son fidèle valet de chambre. Je l'ai interrogé, il n'a rien voulu me dire. Mais il m'a laissé entendre que son maître était en bonne santé.

ÉTIENNE.

Ah ! Jean... Ne peut-on le forcer à parler ?

ROLANDE.

Trahi par lui, mon père le chasserait. Il ne dira rien. Il faudrait des circonstances bien graves. Et puis, cela me répugne d'interroger un domestique. Celui-là surtout. Mais tenez pour certain que mon père est caché quelque part avec la demoiselle de la rue de Chabrol, ou avec une autre. Il a fui pour être tranquille, dépister ses créanciers. Dieu sait s'il en a. Maintenant je suis seule en butte à leurs obsessions. La fortune de Lucien, la mienne sont englouties. Il ne nous en reste que des bribes. Peu m'importerait si chaque jour ne se révélaient de nouvelles dettes. Il faut que je me débatte, que je demande du temps, des renouvellements... Ah ! Dieu ! Mais vous savez tout cela, vous, Étienne, qui m'assistez, me remplacez même souvent dans toutes ces pénibles démarches.

ÉTIENNE.

Aucune démarche ne m'est pénible pour vous servir, Rolande, et vous le savez bien. Au fait je ne vous ai jamais demandé si vous aviez suivi mon conseil pour cet appartement ?

ROLANDE.

Oui, oui. Il est à mon nom. Quand nous avons quitté notre ancien appartement, trop cher pour nous, peu avant le départ de mon père, je l'ai prié sur votre conseil de louer celui-ci à mon nom. Il l'a fait sans objection, indifférent à tout.

ÉTIENNE.

En sorte que vous êtes ici chez vous? C'est bien, de cette façon, au moins, vous êtes tranquille, à l'abri des créanciers de votre père.

ROLANDE, allant au bureau.

Cela n'empêche pas qu'il faut les payer... si c'est possible !

ÉTIENNE.

Sans doute !

ROLANDE, prenant des papiers.

Tenez, voici des factures, des mémoires que j'ai examinés ce matin. Pouvez-vous aller voir ces gens-là et prendre des arrangements avec eux ?

ÉTIENNE.

J'y vais tout de suite et je reviens.

ROLANDE.

C'est cela.

SCÈNE II

Les Mêmes, JEAN.

JEAN, entr'ouvrant la porte du fond.

Il y a là un homme qui demande à parler à monsieur.

ROLANDE.

Eh bien? Vous avez dit que mon père n'était pas là?

JEAN.

Je le lui ai dit. Alors il a dit que ça ne faisait rien, qu'il s'expliquerait avec mademoiselle.

ROLANDE.

Quelque nouvelle réclamation! C'est bien. Faites entrer.

ÉTIENNE.

Voulez-vous que je reste?

ROLANDE.

Pourquoi faire?... Non, non. D'ailleurs, Jean est là...

Jean sort par le fond.

ÉTIENNE.

Eh bien, à tout à l'heure.

Il sort par la gauche.

SCÈNE III

ROLANDE, PUTOIS ; il entre par le fond, il est vêtu d'une façon cossue.

PUTOIS, ôtant son chapeau.

C'est vous qu'êtes la fille à M. de Montmorin?

ROLANDE.

Oui, c'est moi ; que voulez-vous?

PUTOIS.

C'est pour un billet.

ROLANDE.

Ah! un billet... Voyons. (Putois lui donne le billet. Elle y jette un coup d'œil.) Ah!... une pareille somme... Je n'ai pas l'argent nécessaire.

Elle le lui rend.

PUTOIS.

Vous ne payez pas?

ROLANDE.

Je ne puis payer.

PUTOIS.

Très bien. Je m'en doutais.

ROLANDE.

Permettez. Vous me comprenez mal. Mon père est absent. Il ne m'avait pas avertie de la venue de ce billet. Je suis un peu gênée. La somme est forte. Je ne l'ai pas. Mais vous avez un billet en règle. Mon intention est de vous payer. Seulement, je vous prierai de m'accorder du temps. Voulez-vous qu'en échange de ce billet, je vous en fasse, moi, trois ou quatre autres ? Nous tiendrons compte des intérêts, bien entendu. Si cela vous va...

PUTOIS.

Pas du tout. J'ai un billet échu, payez-moi.

ROLANDE.

Je vous ai déjà dit que cela m'était impossible.

PUTOIS.

Ça ne me regarde pas, je veux mon argent. On se fiche de moi ma parole ! Votre père me doit de l'argent. Il me fait des billets. Bon. — Les premiers, je les présente à son autre domicile, rue de Chabrol. Ils sont payés. Celui-ci, je le porte rue de Chabrol. M. de Montmorin n'y est plus. Envolé. Je vais à son bureau. Même chanson. Le monsieur est absent. Les fonds aussi. Je viens ici. Toujours pas de Montmorin. Et mademoiselle sa fille refuse de payer et me demande du temps. Du temps, je ne peux pas en accorder. J'ai besoin de mon argent tout de suite. Vous ne pouvez pas me le donner ? Serviteur. Je vais chez l'huissier, et je vais vous faire marcher rondement

Fausse sortie.

ROLANDE, l'arrêtant.

Épargnez-vous des frais inutiles. Mon père ne demeure pas ici.

PUTOIS.

Comment ? Il est absent pour le quart d'heure, mais...

ROLANDE.

Non, vous dis-je. C'est moi qui suis la locataire de cet appartement et le mobilier m'appartient ; par conséquent...

PUTOIS, remettant son chapeau.

Ah ! bah ! le loyer est à votre nom ? Et les meubles sont à vous ? Alors je ne peux pas faire saisir les bibelots de mon débiteur ? Ils sont au nom de sa fille ! Je comprends : votre père est un filou et vous êtes sa complice.

Au mot : filou

ROLANDE, sonne violemment, Jean paraît.

Jean, mettez cet homme dehors.

PUTOIS.

Ah ! je voudrais bien voir ça.

JEAN.

Sortez ! (Putois ne bouge pas.) (Violemment :) Allons! hors d'ici.

PUTOIS, furieux.

Me touche pas, sale larbin ! Je m'en vais. (A Rolande.) Mais puisque c'est comme ça, vous allez voir de quel bois je me chauffe. Ah ! votre père est absent ! Est-ce que vous croyez que je ne sais pas où le dénicher ? Je voulais m'épargner le voyage. Mais je sais où il est !..

ROLANDE.

Vous êtes plus heureux que moi, car je l'ignore.

PUTOIS.

Ben ! moi, je le sais. Et je vais y aller. Et pas tout seul. Je vais y aller avec la police. Et je le ferai arrêter, votre père.

ROLANDE, haussant les épaules.

On n'arrête pas un homme parce qu'il n'a pas payé un billet.

PUTOIS.

Non, ma belle. Mais on l'arrête, parce qu'il débauche les petites filles et les ravit à leurs parents..

ROLANDE, saisie.

Que dit-il ?

PUTOIS.

Ah ! Ah ! ça vous fait dresser l'oreille, ça ! Eh bien oui, votre père a suborné ma fille, une enfant de quatorze ans, et puisqu'on ne me paye pas mon dû, je vais le dénoncer à la police !

ROLANDE.

Est-ce possible ? expliquez-vous.

PUTOIS.

Si c'est possible ? Demandez plutôt à votre larbin. Dans une heure, le Montmorin sera emballé. Bonsoir !

Il se sauve.

SCÈNE IV

ROLANDE, JEAN.

ROLANDE, affolée.

Monsieur... Monsieur... Jean... Courez après cet homme... Non, restez ! Vous savez la vérité, vous. Vous savez où est mon père. Vous allez me l'apprendre.

JEAN.

Mais, mademoiselle, je...

ROLANDE.

Ah ! vous savez tout. J'en suis sûre. Si vous ne parlez pas, je vous renvoie à l'instant même.

JEAN.

Au fait, ça commence à devenir dangereux.

ROLANDE.

Ah ! cet homme n'a pas menti ?

JEAN.

J'ai peur que non. Je l'ai dit souvent à Monsieur. La petite est trop jeune.

ROLANDE.

Quelle petite ?

JEAN.

La petite avec qui est Monsieur, la fille de cet homme-là. S'il se fâche, il peut bien faire pincer Monsieur.

ROLANDE.

Oh ! quelle abjection ! Et où est-il ? Où sont-ils ?

JEAN.

Monsieur est parti avec elle tout près de Paris, dans un village qui s'appelle Marbennes, sur la ligne du Nord. Il est là sous le nom de Morel. Tout le monde dans le pays vous indiquerait la maison.

ROLANDE.

Morel... Marbennes... ligne du Nord. C'est bien. Allez me chercher une voiture.

JEAN.

Bien, mademoiselle.

Il sort.

ACTE QUATRIÈME

ROLANDE, ouvre la porte de gauche et appelle.

Annette ! (Annette paraît.) Un chapeau, un manteau. Vite !

Annette sort et revient avec les objets demandés.

ANNETTE.

Mademoiselle sort ?

ROLANDE.

Oui. Allez !

Annette sort, Rolande regarde autour d'elle, va au secrétaire, l'ouvre, y prend le revolver. Jean reparaît au fond.

JEAN.

La voiture est là, Mademoiselle.

ROLANDE.

Bien. Merci !

Elle sort.

Rideau.

DEUXIÈME TABLEAU

A Marbennes

Un jardin. A droite une maisonnette à laquelle on accède par un escalier praticable. A gauche, la grille d'entrée. Au fond, un mur, dans lequel s'ouvre une porte en bois peinte en blanc

SCÈNE PREMIÈRE

ZIZINE, MONTMORIN.

Ils achèvent de déjeuner dans le jardin. Montmorin assis à gauche, près d'une petite table de jardin en fer prend lentement son café ; il a l'air sombre. Zizine assise de l'autre côté près de sa tasse vide l'observe et semble attendre qu'il ait fini. De temps à autre il tourne la tête, d'un air inquiet.

ZIZINE.

Qu'est-ce que tu as donc à regarder comme ça de droite et de gauche ?

MONTMORIN.

Moi ? Rien.

ZIZINE.

Si, tu as l'air inquiet. On dirait que tu as peur de voir arriver je ne sais qui !...

MONTMORIN.

J'ai toujours peur qu'on ne vienne t'enlever à moi.

ZIZINE.

Vraiment ? On y tient donc un peu, à sa Zizine

MONTMORIN.

Ah ! oui, je tiens à toi. La preuve, c'est que j'ai tout quitté pour toi. Ma famille, ma position. Jusqu'à mon nom. Mais aussi, tu ne me quitteras pas toi, Zizine ?

ZIZINE.

Y a pas de danger !

MONTMORIN.

Jamais ?

ZIZINE.

Ah ! jamais ! jamais ! c'est rudement long, jamais ! C'est un fier bail. Et puis, faut être raisonnable. Le jour où tu n'aurais plus le sou, par exemple, tu ne penses pas que je resterais à crever de faim en te regardant.

MONTMORIN.

Ne dis pas ça. Ne parle pas comme ça, tu me fais de la peine. Tu sais bien que ce sont justement les ennuis, les embarras d'argent qui m'ont contraint à me réfugier ici. Et l'idée que tu pourrais m'abandonner me fait venir les larmes aux yeux.

ZIZINE.

Oh ! Si nous nous mettons à pleurnicher, je n'en suis plus. Voyons, as-tu fini de siroter ton moka, que j'emporte tout ça ?

MONTMORIN, avalant son café.

J'ai fini. (Il repose sa tasse. Zizine enlève le plateau sur lequel ils ont déjeuné et le porte dans la maison. Montmorin reste une seconde comme anéanti dans son fauteuil. Puis, il se lève péniblement, et se dirige, d'un pas alourdi, vers la maison. Zizine en ressort avec un chapeau sur la tête et un manteau sur les épaules.) Tu sors ?

ZIZINE.

Oui, je sors. J'ai des commissions à faire. Faut bien que je les fasse, puisque tu n'as même pas voulu prendre de bonne, pour mieux garder le... machin !

MONTMORIN.

Pour mieux garder ?...

ZIZINE.

Est-ce que je sais ? le secret, le mystère, le...

MONTMORIN.

Ah ! l'incognito. Oui, oui. Je ne veux pas qu'on puisse commettre des indiscrétions... (Il l'embrasse.) Eh bien, va et ne sois pas longue.

Il est au bas du perron, le pied sur la première marche.

ZIZINE.

Qu'est-ce que tu vas faire pendant ce temps-là ?

MONTMORIN.

Moi, je vais me reposer un peu. Je me sens fatigué.

ZIZINE.

Une drôle d'habitude que tu as prise d'aller dormir tous les jours après déjeuner !

MONTMORIN, montant l'escalier.

Oui, c'est le grand air... la chaleur... (Au haut de l'escalier.) Allons, à tout à l'heure.

Il entre dans la maison.

SCÈNE II

ZIZINE, puis VICTOR.

ZIZINE, seule, haussant les épaules.

Le grand air... la chaleur... T'es fourbu, quoi ! C'est épatant comme ça s'esquinte vite, un homme, même titré et décoré comme celui-là. Avec ça, il commence à être à la côte. J'ai idée que cette affaire-là touche à sa fin....

En parlant ainsi, elle s'est dirigée vers la porte en bois percée dans le mur du fond et a fouillé dans sa poche. Elle en retire la clef et la met dans la serrure. Au moment où elle va ouvrir Victor paraît à la grille, en dehors.

VICTOR.

Pilouitt...

ZIZINE, se retourne.

Tiens, c'est Victor. Chut !

VICTOR.

On peut entrer ?

ZIZINE.

Attends, je vais voir.

Elle monte l'escalier avec précaution, disparaît dans la maison, puis en ressort, traverse la scène et va ouvrir la grille.

ZIZINE.

Le vieux est en train de piquer un petit chien. Tu peux entrer, mais dépêche-toi.

VICTOR, entre, laissant la grille entr'ouverte.

Sois tranquille. J'ai pas l'intention de m'éterniser ici. Je viens te chercher.

ZIZINE.

Allons donc ? A cause ?

VICTOR.

Je vas te le dire... Dis donc...

ZIZINE.

Quoi ?

VICTOR.

Y a rien à licher ici ?...

ZIZINE.

Non. J'ai pas d'alcool sur moi.

VICTOR.

Et dans la boîte ?

ZIZINE.

Ah ! je vas pas y rentrer, et trimballer des bouteilles. L'autre pourrait se réveiller.

VICTOR.

Je peux jamais boire. C'est dégoûtant !

ZIZINE.

Tu boiras dehors. Allons, cause.

VICTOR.

Eh bien, voilà. Le père est furieux.

ZIZINE.

Parce que ?

VICTOR.

Le dernier billet n'a pas été payé. Plus fort que ça : la fille à Montmorin a fait flanquer le père à la porte par son larbin.

ZIZINE.

Mâtin ! plus que ça de chic !

VICTOR.

Tu penses si p'pa est parti en rageant. Pour se venger et pour forcer la demoiselle à casquer il s'est décidé à faire empoigner le Montmorin.

ZIZINE.

Ça va être farce !

VICTOR.

Papa sera censé ne pas savoir ce que t'étais devenue et avoir retrouvé la trace. Il va requérir le commissaire de police.

ZIZINE.

Y a donc un quart d'œil à Marbennes ?

VICTOR.

Non, mais à côté, à Bezonville, y en a un qui vient travailler ici quand on en a besoin.

ZIZINE.

On l'emballera d'autant plus, le père Montmorin, qu'avec sa bêtise de faux nom on croira que c'est un simple mufle.

VICTOR.

Allons, viens. Le père nous attend.

ZIZINE.

Où ça ?

VICTOR.

A Bezonville.

ZIZINE.

Faut que j'y aille aussi, chez le commissaire ?

VICTOR.

Oui, pour déposer. Censément, ce sera moi qui l'aura retrouvée et enlevée à ton séducteur.

ZIZINE.

Bon. Tu me diras ce qu'il faudra que je dise ?

VICTOR.

Bien entendu.

ZIZINE.

Tu vas me conter ça en route. Partons. (Victor se dirige vers la grille. Zizine l'arrête et montre la porte du mur.) Non, pas par là, c'est bien plus long. Par ici. Y en a pour cinq minutes.

Elle ouvre la porte.

VICTOR.

Je te suis.

Ils sortent par la petite porte. Rolande paraît à la grille.

SCÈNE III

ROLANDE, puis MONTMORIN

ROLANDE, *elle pousse la grille et entre.*

La grille est ouverte. Personne ! Est-ce qu'on serait déjà venu ? Non je l'aurais appris. Pourvu qu'il ne soit pas sorti ! (Élevant la voix.) Il n'y a personne ?

MONTMORIN, *dans la maison.*

C'est toi, Zizine ?

ROLANDE.

Non, ce n'est pas elle !

ACTE QUATRIÈME

MONTMORIN sort de la maison.

Rolande! (Il descend). Comment es-tu ici ? qu'y viens tu faire ?

ROLANDE.

Écoutez-moi. Nous n'avons pas de temps à perdre.

MONTMORIN.

Mais comment as-tu su où j'étais ?

ROLANDE.

Ah ! peu importe ! Nous sommes seuls ?

MONTMORIN.

Oui, mais on peut revenir d'un moment à l'autre.

ROLANDE.

Je serai brève. Écoutez. Un homme est venu me présenter un billet de vous. Je n'ai pu le payer. Alors, cet homme s'est emporté. Il m'a dit que vous aviez enlevé sa fille, une enfant, et qu'il allait vous dénoncer à la police et vous faire arrêter.

MONTMORIN.

C'est Putois !

ROLANDE.

Oui, c'est ce nom-là.

MONTMORIN.

Le père de Zizine ! mais il ne sait pas où je suis.

ROLANDE.

Il le sait.

MONTMORIN.

Tu crois ?

ROLANDE.

J'en suis sûre.

MONTMORIN.

Alors, je suis perdu.

ROLANDE.

C'est donc vrai ?

MONTMORIN.

Quoi ?

ROLANDE.

Ce qu'il m'a dit sur vous ?

MONTMORIN.

Ah ! c'est vrai... On m'a tendu un piège. Ils s'entendent tous. Elle est leur complice. Je me suis laissé prendre.

ROLANDE.

Enfin, c'est vrai ?

MONTMORIN.

Oui, si on veut, c'est vrai. Il faut payer, Rolande, il faut que tu payes cet homme.

ROLANDE.

C'est impossible. Voilà des mois que je paye vos créanciers. Je n'ai plus d'argent.

MONTMORIN.

Tâche d'en trouver. Va voir nos amis.

ROLANDE.

Ils refuseraient ; d'ailleurs, nous n'avons pas le temps. Il est allé vous dénoncer, vous dis-je.

MONTMORIN.

Alors je disais bien : je suis perdu. C'est la honte, c'est l'infamie. Ah! pourquoi faut-il que j'aie rencontré cette maudite fille!

ROLANDE.

Pour Dieu! Ne songez plus à elle. Ne songez qu'à vos enfants et à vous-même.

MONTMORIN.

Tu as raison.

ROLANDE.

Ne voyez-vous aucun moyen d'échapper au danger?

MONTMORIN.

Aucun moyen? Si! Il faut que je parte. Ah! tu as bien fait de venir, tu es une bonne fille, Rolande. Je vais fuir. Voyons...

ROLANDE.

Vous voulez fuir? C'est impossible!

MONTMORIN, saisi.

Pourquoi?

ROLANDE.

La fuite vous évitera le châtiment. Mais empêchera-t-elle le scandale? Vous empêchera-t-elle d'être flétri d'une flétrissure qui rejaillira sur les vôtres?

MONTMORIN.

Non! En effet! Ah! c'est terrible. Que faire? Voyons, pourquoi es-tu venue?

ROLANDE.

Pourquoi ?... Je m'étais donné cette mission de sauvegarder la fortune et l'honneur de la maison. La fortune, je l'ai sacrifiée. Ma mère me pardonnera. Mais l'honneur reste intact. J'ai su qu'il était menacé. Alors, je suis venue. Je suis venue vous avertir et, pour que vous puissiez faire face au péril, je vous ai apporté...
Elle lui montre le revolver.

MONTMORIN, s'en emparant.

Ah! c'est pour m'apporter ce revolver que tu es venue? Je comprends. Oui, c'est cela, c'est bien cela. Je le disais bien que j'allais fuir! Seulement, j'ignorais par quelle route A présent, je le sais. Merci, Rolande. Grâce à toi, je puis m'évader de la honte. Notre nom restera sans tache, et vous pourrez le porter têtes hautes. Adieu!
Il met le pied sur la première marche.

ROLANDE, affolée.

Ah! mon père! Non! non!

MONTMORIN, se retournant.

Pas un mot, Rolande! Tout est dit! Tu n'es pas venue jusqu'ici pour faiblir au moment suprême. Tu sais bien quel homme je suis! J'ai été marin, j'ai toujours regardé la mort sans épouvante. Et si, au jour d'une bataille, j'avais été trahi par la victoire ; si je m'étais vu seul, abandonné de tous, sans espoir de salut ; et si nos ennemis vainqueurs m'avaient crié : « Rends-toi! » c'est-à-dire : « Déshonore toi et déshonore toute une race! » est-ce que j'aurais mis bas les armes ? Non! Ils ne m'auraient pas eu vivant! Eh bien, aujourd'hui, c'est la même chose! On va venir, on va me sommer de me

ndre... Mais ils ne m'auront pas vivant. Adieu !
dieu !

Il entre dans la maison.

ROLANDE, *gravit l'escalier, à sa suite en répétant :*

Mon père ! Mon père !

Un coup de feu retentit.

Elle pousse un cri terrible, dégringole l'escalier et va tomber sur une chaise à l'autre bout de la scène.

Que Dieu m'absolve !

SCÈNE IV

ROLANDE, UN COMMISSAIRE DE POLICE, suivi de gens auxquels il fait signe de ne pas entrer, franchit la grille.

LE COMMISSAIRE

Pardon, mademoiselle, n'est-ce pas ici qu'habite un sieur Morel ?

ROLANDE, *se levant lentement.*

Vous le trouverez là !

FIN.

Imprimerie de l'Ouest, A. NÉZAN, Mayenne.

www.ingramcontent.com/pod-product-compliance
Lightning Source LLC
Chambersburg PA
CBHW060155100426
42744CB00007B/1036